国家话语生态
研究丛书

韩晓晔 / 著

国家话语生态视域下新闻语言指称序列研究

RESEARCH ON
REFERENTIAL SEQUENCES
OF NEWS LANGUAGE
IN THE ECOLOGICAL PERSPECTIVE
OF NATIONAL DISCOURSE

上海社会科学院出版社
SHANGHAI ACADEMY OF SOCIAL SCIENCES PRESS

国家话语生态研究丛书
编辑委员会

编委会主任

胡范铸　华东师范大学国家话语生态研究中心主任、《华东师范大学学报（哲学社会科学版）》原主编、复旦大学《当代修辞学》编委会主任、上海市语文学会会长

李宇明　北京语言大学教授、中国语言学会语言政策与规划研究会会长

姜　锋　上海外国语大学教授、党委书记，上海市社会科学界联合会副主席

编　委

陈光磊　复旦大学教授、《当代修辞学》原主编、中国修辞学会会长

陈佳璇　韩山师范学院教授、韩山师范学院文学与新闻传播学院副院长

陈丽君　浙江旅游职业学院教授

杜　敏　陕西师范大学教授、《陕西师范大学学报》主编

段　刚　《社会科学报》总编

范　军　华东师范大学教授、上海俄罗斯东欧中亚学会会长

古川裕　日本大阪大学言语文化研究科教授

甘莅豪　华东师范大学传播学院教授

陆　钢　华东师范大学教授、华东师范大学中亚研究中心主任

胡　键　上海社会科学院研究员、上海社会科学院软实力研究中心主任

胡培安　华侨大学教授、华侨大学华文学院院长

胡玉华　日本北九州市立大学教授

刘亚猛　福建师范大学外国语学院教授

毛履鸣　美国犹他大学人文学院教授、修辞写作系主任

王建华　浙江科技大学教授、浙江政务新媒体研究院院长

魏　晖　教育部语言文字应用研究所研究员、副所长

杨　敏　中国人民大学外国语学院教授

张先亮　浙江师范大学教授、原党委副书记

祝克懿　复旦大学教授、《当代修辞学》主编

机构与社会公众的沟通何以推进？
跨文化的国际理解何以可能？
——"国家话语生态研究丛书"总序
胡范铸

"话语生态"尽管是一个全新的理论命题，却又是所有人都熟悉的现实问题。

——在"郭美美炫富"事件中，红十字会的失语何以重创中国慈善事业？

——在政府信息发布中，"反正我信了"何以成为"雷人雷语"？

——在国与国突发安全危机中，如何有效地运用语言加以管理？

——汉语国际教育教材，构建了什么样的中国形象？

——语言政策，是促进了国家的和谐发展还是相反？

……

这些都可以说是"话语生态"的问题。

所谓"生态"即"有机体与其周围环境的相互关系"，"话语生态研究"关注的则是人们的话语如何与社会环境互相作用？更进一步说，就是"语言活动是促进社会的和谐、促进社会的发展还是相反"？

其中焦点问题就是"国家话语生态"。

"国家话语生态"是一个新的领域，这一领域牵涉语言学、传播学、社会学、教育学、政治学、国际关系学等。仅以语言学而论，又有修辞学、语用学、社会语言学、批评语言学、生态语言学等各种理论模型。不过，尽管以布斯"倾听修辞"和伯克"象征修辞"为代表的现代西方修辞学不仅设定"人是使用象征的动物"，在人类的一切语言活动中都具有修辞，并且进一步强调如何从动机出发考察人们如何互相使用象征并受到象征的影响，强调在公共活动中必须学会倾听，但中国修辞学目前关注的还主要是如何依据题旨情境，运用各种语文材料、各种表现手法，来恰当地表达思想和感情，揭示修辞现象的条理。语用学是最近几十年从西方引进的，获得了越来越多的语言学者的关注，不过尽管西方语用学以哈伯马斯为代表，已经将语用学发展成为指导社会"对话"的一种实践，但国内语言学界的语用学研究基本还停留在命题与语句的理解上。社会语言学历来主要关注"语言系统"变化的社会因素，近年则逐渐发展出语言规划学的研究和生态语言学的研究，生态语言学尽管强调"对语言和环境之间相互作用的研究"，不过，受传统的历史比较语言学的影响，迄今关注的还主要只是"语言的多样性问题"、"保护濒危语言"等问题。批评语言学是现代西方不断发展的一个语言学分支，是语言学实现社会功能的另一种理论努力，不过，国内的批评语言学总体上还停留在介绍层面。

如何才能走出这一局面？

我们以为：语言不仅是一种符号体系、一种能力，更是一种行为过程，是人们认识世界、发展自我、改变社会的过程。语言的行为过程也就是话语，可以说当代语言运用研究的核心问题是话语，话语的最大特征是实践，而所有的社会实践过程都具有一定的价值目标。如果说在农业化社会和工业化社会，人们还可能被分割成为不同的社群，"鸡犬之声相闻，老死不相往来"，那么，到了 21 世纪，到了互联网时代，在经济全球化和信息网络化的推动下，"地球是个村庄"已然成为极其现实的命题，人类比以往任何时候都需要互相理解、沟通与合作，人类"命运共同体"的构建成为毋庸置疑的必需。而"命运共同体"的构建不仅仅是政治问题、经济问题、军事问题，同时也是语言问题。在21世纪，国家内部如何进行更好的语言沟通、国家和国家之间如何彼此理解、国际社会如何健康地发展，不仅需要政治环境、法律环境，同样需要一个好的话语生态环境。

这时，人的话语实践、机构的话语实践、国家的话语实践究竟是推进地区的命运共同体建设、推进人类的命运共同体建设抑或相反，便成为一个极其现实而严峻的问题。语言学者、社会学者、传播学者、政治学者、教育学者等一切关注语言同时又具有社会责任感的学者对此都不能不作出自己的回应。

由此，我们发起组织了"国家话语生态研究丛书"。这套丛书不可能回应"话语生态"的所有问题，我们试图聚焦的：一是在国内，机构尤其是政府机构与社会公众的话语沟通何以推进，二是在全球，基于话语的跨文化国际理解何以可能，以期对于国家内部话语生态的改进、对于国际社会话语生态的改进能够作出一点自己的贡献。

为此，我们将不懈努力，更企盼学界的不断批评。

目　　录

引言　问题的提出

……………………………………………………………………（ 1 ）

第一章　新闻指称序列的研究现状、分析思路和全书框架

……………………………………………………………………（ 3 ）

　　第一节　研究现状…………………………………………（ 3 ）

　　第二节　分析思路…………………………………………（24）

　　第三节　全书框架…………………………………………（37）

第二章　新闻语言中指称序列的基本属性和基本类型

……………………………………………………………………（39）

　　第一节　序列的基本性质…………………………………（39）

　　第二节　新闻语言指称序列的基本类型…………………（46）

　　第三节　小结………………………………………………（60）

第三章　争议地名指称序列与外交的主体——中国新闻语言重要指称序列分析之一

……………………………………………………………………（61）

　　第一节　与中国主权相关的有争议地名序列研究………（61）

　　第二节　与中国主权无关的有争议地名序列问题研究

　　　　　　……………………………………………………（75）

第三节　争议地名指称序列变革的思考……………（84）

第四章　权力机构指称序列与社会的法治化——中国新闻语言重要指称序列分析之二

………………………………………………………（90）

第一节　国家最高权力机构的指称序列……………（92）

第二节　国家司法机构的指称序列…………………（102）

第三节　国务院组成部门的指称序列………………（109）

第四节　权力机构指称序列变革的思考……………（136）

第五章　核心术语指称序列与思想的现代化——中国新闻语言重要指称序列分析之三

………………………………………………………（142）

第一节　中共指导思想核心术语指称序列分析……（143）

第二节　国家建设目标核心术语指称序列分析……（152）

第三节　社会发展目标核心术语指称序列分析……（157）

第四节　社会发展总布局核心术语指称序列分析…（161）

第五节　价值观核心术语序列的变化………………（169）

第六节　核心术语指称序列变革的思考……………（177）

第六章　其他特殊指称序列与生活的多元化——中国新闻语言重要指称序列分析之四

………………………………………………………（181）

第一节　新闻语言中宗教指称序列研究……………（181）

第二节　新闻语言中民主党派指称序列研究………（188）

第三节　国际事务中行为主体指称序列……………（195）

第四节　其他特殊指称序列变革的思考……………（198）

第七章　新闻语言指称序列的认知分析
.... (200)

第一节　空间及其在时间上的投射:新闻语言指称序列
　　　　排序的基本原则.............................. (200)

第二节　范畴化和重新范畴化:新闻语言指称序列的
　　　　认知心理...................................... (207)

第三节　形塑与被形塑:新闻语言指称序列意识形态
　　　　功能.. (208)

结语　本书的主要贡献与有待解决的问题
.... (210)

参考文献
.... (213)

后　记
.... (225)

引 言

问题的提出

本书既是一项新闻语言学的工作,也是一项语用学和批评语言学的工作。

新闻是现代社会生活的一个极其重要的领域,新闻语言是社会语言生活的一个极其重要的组成部分。但是,中国语言学对于新闻语言的研究非但起步较晚,思路也更为局限,通常或者只是将其作为"语言技巧分析"的一种文本,或者只是将其作为"句法语义分析"的一类语料,或者只是将其作为"语体分析"的一个分支,或者只是将其作为"语言资源库"中词汇统计的一个对象。

其实,新闻语言的运用不仅意味着一种词汇和句法手段的选择过程,也是一种公共信息的传播过程,同时更是一种社会意识形态的传播过程。可以说,新闻语言的现代性既是社会语言生活现代性的一种标志,也是对于社会语言生活现代性的一种形塑——尤其是在中国社会变革和发展最为迅速的近几十年内,中国教科书语言的变化基本上是远远落后于社会意识形态的发展和变化,而新闻语言却明显承担起为社会意识形态现代化的发展导夫先路的任务,尽管这一过程是如此艰难。

那么,是否能够从具体的语言材料入手来考察中国新闻语言现代化道路艰难而有效的进程呢?

本书即是基于语用学理论尤其是批评语言学理论,通过对于新闻语言中指称的序列问题的具体考察,以有效地认识中国新闻语言发展中存在的问题和困难，认识中国新闻语言现代性艰难而有效的进步，认识如何推动中国新闻语言乃至整个社会语言生活现代化、民主化、国际化的进一步发展，同时还希望为批评语言学的中国化探索一种可能。

本书是在我博士论文的基础上修订而成，虽然在修订的过程中增加和丰富了个别语料，但全书的框架与论述还是建立在2013年之前的资料搜集基础之上，这是需要加以说明的。之所以考虑把这项研究成果公开出版，是因为学界至今还缺少这方面的研究，也算是抛砖引玉吧。

我希望本研究能为语言学科(尤其是修辞学、社会语言学)、政治学科(尤其是语言政治学)、新闻学科(尤其是政治传播学、批判传播学)的融合研究提供思路，为这些学科的研究生和本科生教学提供辅助教材，为新闻工作者、政府发言人和其他媒体从业人员提供参考。

第一章

新闻指称序列的研究现状、分析思路和全书框架

关于新闻语言指称序列问题的研究既是一个新闻语言研究的课题,也是一个指称序列研究的课题。因此,我们首先必须回顾语言学界尤其是中国语言学界关于新闻语言问题和指称序列问题的研究现状及其存在的问题。

第一节 研 究 现 状

一、新闻语言问题的研究现状

所谓新闻,通常认为就是"对新近发生的有价值的事情的及时报道",其可以采用报纸、广播、电视等各种传播工具,可以采用图像、音效等多种载体,不过,新闻最根本、最重要的载体还是语言。

尽管中国在古代就已经出现了今天新闻媒体的前身"邸报",现代意义上的新闻媒体在 19 世纪也已经诞生,但是,中国自觉的新闻语言研究却发育艰难。100 多年来,中国新闻语言研究可以分为三个阶段。

1. **中国新闻语言研究的萌芽(清末至 1949 年)**

现代新闻是随着近代工业社会而兴起并形成的一种社会事业。在 20 世纪初,徐宝璜的《新闻学大纲》(1922)、邵飘萍的《实

际应用新闻学》(1923)和戈公振的《中国报学史》(1929),可以说奠定了中国新闻学的基础。而中国有关新闻语言的研究,则可以追溯到梁启超的《清代学术概论》。梁启超对当时报刊的"新文体""报章体"的特点进行描述:"平易畅达,时杂以俚语韵语及外国语法,纵笔所至不检束。学者竞效之,号新文体。老辈则痛恨,诋为野狐。然其文条理明晰,笔锋常带情感,对于读者,别有一种魔力焉。"①可以说,这也许是对中国报刊新闻语言的最早评论。

2. 中国新闻语言研究的停顿期(1950—1978年)

1949年以后,新的意识形态以为"新闻就是党的喉舌",院系调整,全国普通高校新闻系除了中国人民大学与复旦大学以外全都取消,与新闻学有关的学术研究自然也就一片荒芜,这时期的新闻语言研究基本上都是以"语法修辞分析"的语料或者"报刊病句修改"的形式出现。

3. 中国新闻语言研究的生长期(1979年至今)

直到改革开放以后,全国高校大批恢复新闻专业,新闻学重新起步,新闻语言研究这时才可以说是开始得到了关注,出现了一大批论著。但可以说,迄今为止,整个学科还是处于一种生长过程中,远远不能以"成熟""茂盛"概之。

以论文而言,据我们对于中国知网的统计(2022年1月1日),"全文"中含有"新闻语言"的文献共有90 836篇;不过,其中"主题"中含有"新闻语言"的文献在"语言文字学科"中是6 256篇,在"新闻传媒学科"中则是11 662篇。而在"篇名"中含有"新闻语言"的则总共只有973篇,其中"语言文字学科"只有121篇,百分之八十以上是"新闻传媒学科"的(806篇)。

---

① 梁启超:《清代学术概论》,中华书局,2010年。

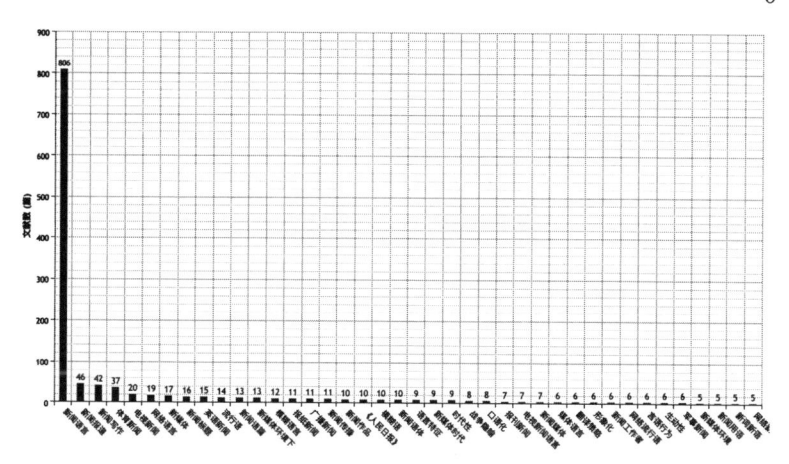

第一章 新闻指称序列的研究现状、分析思路和全书框架

图 1-1 "中国知网"关于关键词"新闻语言"在中文文献库中篇目数量比较

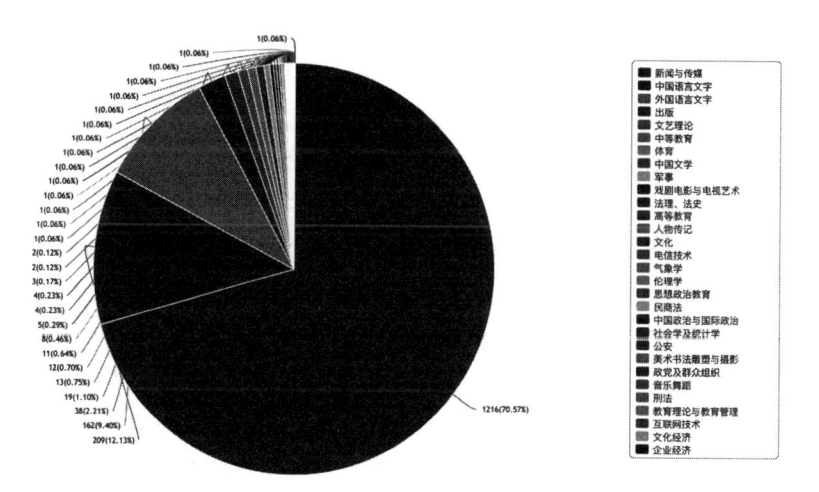

图 1-2 "中国知网"关于关键词"新闻语言"在各学科分类中的占比

以"篇名"包含"新闻语言"中的前 100 篇论文为例：

（1）新闻语言中流行语的运用及规范 （2）试析我国新闻语言研究的几种范式 （3）论新闻语言的本质特性

(4)《安徽日报》新闻语言研究(2007—2011年) (5)话语分析与新闻语言 (6)新闻语言的研究现状及其反思 (7)媒介变迁促动下的新闻语言变化分析 (8)陕西都市类报纸新闻语言暴力化倾向研究 (9)媒体新闻语言的比较说略 (10)论报纸、广播、电视、网络新闻语言的语境 (11)中国报纸新闻语言中指称系统研究 (12)我国新闻语言中字母词的易读性研究 (13)预设在新闻语言中应用的分析 (14)网络新闻语言特点及良性发展思考 (15)我国电视新闻语言范式的流变 (16)越南现代新闻语言中的汉越词 (17)从跨体式新闻语言看新闻报道语言风格的形成 (18)现代汉语报纸新闻语言证据范畴考察 (19)新闻传播中语言信息的若干问题——兼论不同媒介新闻语言的比较 (20)论新闻语言的时代特色 (21)从时代变迁看新闻语言的发展变化 (22)试论我国新闻语言中字母词的易读性测量 (23)新闻语言研究述评 (24)媒介融合时代的新闻语言研究 (25)新闻语言客观性问题的言语行为分析 (26)关于新闻语言的个性特征 (27)从新闻语言论传者媒介素养的缺失 (28)新媒体环境下新闻语言研究的现状、反思与展望 (29)新闻语言与文学语言的审美差异 (30)从跨体式新闻语言看传媒语言的规范 (31)手机新闻语言研究 (32)新闻言语行为分析 (33)论电视新闻语言的特性 (34)近十年来报刊用语特点研究 (35)从"给力"现象看大众传播语境下的新闻语言 (36)关于新闻语言的程式化与动态感 (37)我国新闻语言研究现状及路径分析 (38)关于新闻语言易读性的思考 (39)浅析新闻语言的弊病及其原因 (40)试论网络新闻语言与网络语言的异同 (41)新世纪新闻语言研究文献综述 (42)论新闻语言的主观化 (43)信息时代的新闻语言 (44)新闻语言与文学语言的差

第一章 新闻指称序列的研究现状、分析思路和全书框架

异与合流 (45)试论新闻言语行为的构成性规则 (46)关于新闻语言的研究综述 (47)浅谈新闻语言中流行语的运用 (48)再探新闻语言表达的相对性 (49)中国新闻语言研究范式的若干思考 (50)论新闻语言规范的现实意义 (51)新闻语言的时代性特征分析及讨论 (52)从一般性报道谈中西方新闻语言比较 (53)浅论新闻语言的时代性 (54)新闻语言的最高要求是准确 (55)新闻语言特征的辩证思考 (56)应以语用学理论指导新闻语言的教学与研究 (57)新闻语言的自我调适与创新 (58)浅析新闻语言的开放性 (59)关于新闻语言与诗艺语言的一点见解 (60)浅议新词新语在新闻语言中的规范应用 (61)60年来《人民日报》时政新闻版中的口号套语的嬗变——中国新闻语言现代性进程的一个视角 (62)网络流行语在新闻语言中的应用 (63)新闻语言特性论——小议新闻语言的倾向性 (64)新闻语言探微 (65)体育新闻语言的图式认知探究 (66)略论新闻语言的语用偏误 (67)试析电视新闻语言的基本特征 (68)浅谈新闻语言的特色 (69)新闻语言的弊病与传媒素养的缺失 (70)网络新闻语言的创新与异化 (71)论新闻语言变异的修辞效果 (72)漫谈新闻语言 (73)漫谈文学语言和新闻语言的美学色彩 (74)模因论视阈下新闻语言的模因现象 (75)浅谈军事新闻语言研究的意义 (76)新闻语言的总体特色——新闻语言是一种以白描为主要特征的语言 (77)新闻语言是一种独立的语言 (78)新时期新闻语言的变化特点 (79)社会发展与新闻语言"品质"革新 (80)新闻语言与文学语言的差异探讨 (81)电视新闻作品的语言艺术和修辞 (82)网络新闻语言的主观性与新闻事实构建 (83)评析新闻语言中隐秘的主观性——以通讯《猖狂黄健翔》为例 (84)浅论研究新闻语言的多维视角 (85)现代媒体的新闻语言粒子探析 (86)新闻

语言的趣味性 (87)新闻语言的主观性倾向 (88)网络新闻语言的认知语境观分析 (89)浅谈新闻语言与网络语言的区别 (90)从新闻语言与时代的关系分析新闻语言变化特点 (91)新闻语言中流行语的语言表现形式浅析 (92)新闻语言需要处理好几种关系 (93)试论新闻语言的特色 (94)中介语视角下的东北民生新闻语言研究 (95)浅谈电视新闻语言的"草根化"趋势 (96)浅谈网络语境下的网络新闻语言特点 (97)网络新闻语言的语用原则及话语策略分析 (98)新闻语言的创新与规范 (99)提倡新闻语言多点"文学味" (100)试论新闻语言的特色

其中,胡范铸的《试论新闻言语行为的构成性规则》[1]《新闻语言客观性问题的言语行为分析》[2]可以说是第一个从"言语行为"构成的角度分析了新闻语言的构成性规则尤其是新闻语言的客观性问题;付伊的《60年来〈人民日报〉时政新闻版中的口号套语的嬗变——中国新闻语言现代性进程的一个视角》[3]第一次从言语行为功能类型自觉性演变的角度分析了新闻中的"套话";陈佳璇的《我国新闻语言中字母词的易读性研究》[4]第一次从字母词的接受角度分析了汉语新闻语言的"易读性"。此外,黄敏的《新闻话语的互文性研究——以凤凰网中朝边境驻军换防的系列报道为例》[5]是第一次运用互文性理论对于中国新闻语

---

[1] 胡范铸:《试论新闻言语行为的构成性规则》,《修辞学习》2006年第1期。

[2] 胡范铸:《新闻语言客观性问题的言语行为分析》,《华东师范大学学报》2007年第2期。

[3] 付伊:《60年来〈人民日报〉时政新闻版中的口号套语的嬗变——中国新闻语言现代性进程的一个视角》,华东师范大学博士论文,2012年。

[4] 陈佳璇:《我国新闻语言中字母词的易读性研究》,华东师范大学硕士论文,2002年。

[5] 黄敏:《新闻话语的互文性研究——以凤凰网中朝边境驻军换防的系列报道为例》,《中文自学指导》2006年第2期。

言的分析。

就著作而言,近年来出版的新闻语言研究著作也已达几十部,其中林兴仁第一次从语体学的角度分析了汉语的广播语体[1],尹世超第一次专门就汉语中的标题在词汇和句法上的特征做了分析[2],黄敏则第一次运用西方的话语分析理论分析了汉语新闻中的语言[3]。

此外,国家语言文字工作委员会(简称"国家语委")在"国家语言资源监测与研究中心"下分别在中国传媒大学、北京语言大学和华中师范大学设立了"有声媒体语言分中心""平面媒体语言分中心"和"网络媒体语言分中心",不过,那基本上就是一个基于字频、词频统计的语料库,主要意义在于检测大众传播中的新词新语的流通频率问题。

总体上考察中国新闻语言研究论著的特点,我们不妨运用"关键词分析"的方法作一比较分析。

表 1-1　中国主要新闻语言研究著作中的关键词

作　者	著　作	关　键　词
林兴仁	《实用广播语体学》	语体、实用、修辞、语音、词汇、句式、语气、选择、同义结构
李元授 白　丁	《新闻语言学》[4]	新闻、文体、规范、词汇、句式、语气、色彩、技巧
尹世超	《标题语法》	标题语法、标题句式、标题用词、变异

---

[1] 林兴仁:《实用广播语体学》,中国广播电视出版社,1989年。
[2] 尹世超:《标题语法》,商务印书馆,2001年。
[3] 黄敏:《新闻话语研究初探》,江西人民出版社,2011年。
[4] 李元授、白丁:《新闻语言学》,新华出版社,2001年。

续表

作　者	著　作	关　键　词
张　颂	《语言传播文论》①	语言传播、视觉美感、播音标准、规范意识、传播规格、严肃性、受众
应天常	《节目主持语用学》②	话语角色、口才、得体、语音修辞、语脉结构、幽默
黄匡宇	《电视新闻语言学》③	画面语言、音响语言、抽象语言、时间、空间、语言细节、技巧
齐沪扬	《传播语言学》④	传播、语法、句式、实词、虚词、语义、描写
段业辉	《新闻语言比较研究》⑤	主位结构、信息结构、语篇衔接、新语境、冗余信息、主观化、词汇、句式
林　纲	《网络新闻语言的语用分析》⑥	分类、主观性、语篇、网络新闻、语用原则、话语策略
李　杰	《媒体新闻语言研究》⑦	语境、媒体、传播者、受众、报刊、广播、电视、网络、语体
黄　敏	《新闻话语研究初探》	语用学分析、元语用学分析、概念隐喻、框架分析、批评语言学、互文性研究、中介化研究、易读性研究

---

① 张颂:《语言传播文论》,北京广播学院出版社,1999年。
② 应天常:《节目主持语用学》,北京广播学院出版社,2003年。
③ 黄匡宇:《电视新闻语言学》,中国广播电视出版社,2000年。
④ 齐沪扬:《传播语言学》,河南人民出版社,2000年。
⑤ 段业辉:《新闻语言比较研究》,商务印书馆,2007年。
⑥ 林纲:《网络新闻语言的语用分析》,南京师范大学出版社,2012年。
⑦ 李杰:《媒体新闻语言研究》,中国传媒大学出版社,2009年。

续表

作　者	著　作	关　键　词
李晓灵 王晓梅	《渊源与化变：延安〈解放日报〉的传播体系及其当代价值之研究》①	红色新闻、传播、报刊
牛　静	《新闻传播伦理与法规：理论及案例评析》②	新闻传播、伦理、法规
李　彬	《新中国新闻论》③	新闻史、传媒、产业
强月新	《传媒改革：观察与思考》④	传媒、改革

综上，新闻学范畴的论著偏向传媒经验和实务教学，主要受众为媒介从业者和传媒学子；传播学范畴的论著体现出浓厚的专业学理倾向和国家治理导向，以科研人员和政府人员为主要市场。论著功能的偏向凸显了新闻传播学科著作强烈的功能主义特征。与此相比，西方的新闻语言研究源远流长，成果众多。其中，特别值得我们注意的有李普曼、塞弗林、梵·迪克等。

表1-2　部分西方学者有关新闻语言研究著作中的关键词

作　者	著　作	关　键　词
李普曼	《舆论学》⑤	舆论分析、现实世界、想象、环境、偏见、社会意图、民族意志、集体意见、获取、美化、控制、行动情景

---

① 李晓灵、王晓梅：《渊源与化变：延安〈解放日报〉的传播体系及其当代价值之研究》，中国社会科学出版社，2015年。
② 牛静：《新闻传播伦理与法规：理论及案例评析》，复旦大学出版社，2018年。
③ 李彬：《新中国新闻论》，北京大学出版社，2015年。
④ 强月新：《传媒改革：观察与思考》，社会科学文献出版社，2015年。
⑤ 李普曼：《舆论学》，林珊译，华夏出版社，1989年。

续表

作　者	著　作	关　键　词
塞弗林等	《传播理论:起源、方法与运用》①	传播、想象、偏见、模式、潜意识、客观性、易读性、态度、说服、全体的规范、被动、议程设置、知识沟、媒介大权、社会顺从、意识形态、控制
费尔克拉夫	《话语与社会变迁》②	话语分析、社会关系、社会现实、社会变化、互文性、文本、互动控制、文本生产、文本消费、主题结构、语法隐喻、语词表达、话语秩序
彼得斯	《交流的无奈》③	交流、对话、幻想、承认、真实性、鸿沟、特权
埃尔格里奇	《获取信息:新闻、真相和权利》④	新闻模式、修辞仪式、新闻、信息生产、议程、媒体策略、受众认知、幻觉、现实、言辞语法、视觉逻辑、态度、信念、批评、权利、媒体策略
早川一荣	《思考和行动中的语言》⑤	符号化、戏剧、报告、推论、评判、怒吼的语言、呜呜的语言、倾斜
伊尼斯	《传播的偏向》⑥	传播、偏向、时间的诉求、空间组织、文化价值、公共舆论
姆贝	《组织中的传播和权力:话语、意识形态和统治》⑦	话语、意识形态、言语情景、权力、旨趣、支配、会话、叙述、故事、批判

---

① 沃纳・塞弗林、小詹姆斯・坦卡德:《传播理论:起源、方法与运用》,郭镇之主译,华夏出版社,2002年。
② 费尔克拉夫:《话语与社会变迁》,殷晓蓉译,华夏出版社,2003年。
③ 彼得斯:《交流的无奈》,何道宽译,华夏出版社,2003年。
④ 埃尔格里奇:《获取信息:新闻、真相和权利》,张威译,新华出版社,2004年。
⑤ 早川一荣:《思考和行动中的语言》,复旦大学出版社,2005年。
⑥ 伊尼斯:《传播的偏向》,何道宽译,中国人民大学出版社,2003年。
⑦ 丹尼斯・K.姆贝:《组织中的传播和权力:话语、意识形态和统治》,陈德民等译,中国社会科学出版社,2000年。

续表

作　者	著　作	关　键　词
梵·迪克	《作为话语的新闻》①	话语、结构、概念、意识形态、社会过程
冯·戴伊克	《话语　心理　社会》②	话语、故事、情节、评论、事件、后果、反映、预言、评价、结构、语义

通过比较,可以发现西方的新闻语言研究存在着这样几个特点:

其一,研究视野非常广阔,通常结合社会学、经济学、心理学、社会心理学、大众交际学、语言学等进行跨学科的分析,如英国格拉斯哥大学媒介小组(Glasgow University Media Group 1976、1980、1982)的新闻分析,英国 Fowler(1979)和 Mardh(1980)、德国 Kniffer(1980)和 Fliger(1983)等的新闻分析。这样,"不仅有助于分析大众传播媒介话语,而且关系到我们对一般书面话语组织的理解"(Van Dijk, 1986)。而中国的新闻语言研究则视角相对单一,多数局限在语言学本身的角度加以考察。

其二,非常注重方法的科学性与创造性,如 Van Dijk(1980)基于结构主义符号分析的基本理路,对新闻语篇的内在结构进行了分析,提出了新闻语体的宏观叙述结构,即所谓"新闻话语的上层结构格局"。他认为,新闻报道虽然五花八门,长短各异,但与其他语篇一样,也有自己的系统结构,他称之为"上层结构"(superstructure),组成各个结构的是一些他所说的"常规范畴"(conventional categories)。各个常规范畴构成如下关联:③

---

① 梵·迪克:《作为话语的新闻》,曾庆香译,华夏出版社,2003年。
②③ 冯·戴伊克:《话语　心理　社会》,施旭等译,中华书局,1993年。

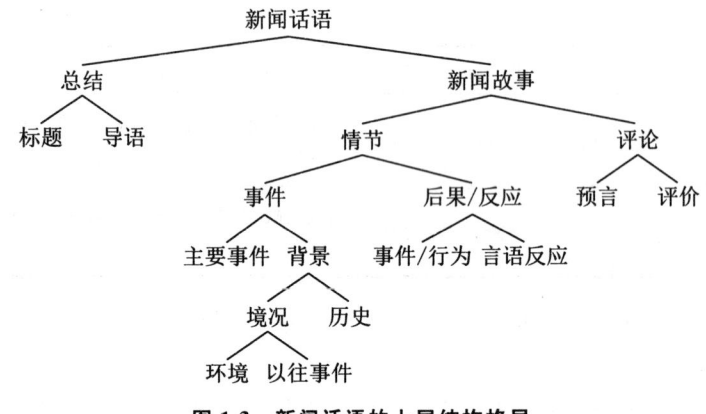

```
                        新闻话语
                    ┌──────┴──────┐
                   总结          新闻故事
                  ┌─┴─┐       ┌────┼────┐
                 标题 导语    情节         评论
                          ┌───┴───┐    ┌──┴──┐
                         事件  后果/反应  预言  评价
                       ┌──┴──┐  ┌──┴──┐
                    主要事件 背景 事件/行为 言语反应
                          ┌─┴─┐
                         境况 历史
                        ┌─┴─┐
                       环境 以往事件
```

图 1-3　新闻话语的上层结构格局

这些范畴,非常深刻地分析了新闻语言必须处理的对象及其关系。中国新闻语言研究则缺乏方法意识和逻辑意识,除了胡范铸的"新闻言语行为研究"、黄敏的"新闻话语研究"等很少的研究以外,多半或者只是感悟式的泛论,或者只是句法的分析,或者只是词汇的汇集,或者只是语体的分析,或者只是"修辞技巧的分析"。

其三,西方的新闻语言研究最主要的特点是强烈的社会关怀,关注新闻语言分析对于促进社会进程的意义,因此特别关注新闻背后的"权力"和"意识形态"问题,正如摩洛克莱斯特曾经指出,"新闻是那些'有权力决定他人经验实践的产物',也就是说,新闻,常常是以媒体自身的文化标准制造出来的"[①]。而中国新闻语言研究对此却极其缺乏自觉的意识和行动。这个观点需要有"事实"例证。

也就是说,新闻语言研究在中国尽管论著数量不少,但是,到底应该如何展开,这对于中国的学者来说还是一个缺乏现成的、

---

①　约翰·埃尔德里奇:《获取信息:新闻、真相和权力》,张威、邓天颖主译,新华出版社,2004年。

可以直接利用的范式且需要艰苦探索的问题。

二、指称问题的研究现状

指称和序列是一个远比新闻语言更为古老的学术课题。早在古希腊时期,柏拉图就已经讨论过指称问题。对指称和序列的讨论在中国语言学界也显然比新闻语言学研究要集中得多。

为准确认识相关研究的概貌,我们首先借助最大的中文学术数据库"中国知网"进行分析(数据检索期为2021年2月20日)。

指称是语言学研究中一个极其重要的课题,以"指称"为"主题"词检索,高达660 306篇。其中影响因子最高的文献中,朱德熙《自指和转指——汉语名词化标记"的、者、所、之"的语法功能和语义功能》、陆俭明《词语句法、语义的多功能性:对"构式语法"理论的解释》、方梅《指示词"这"和"那"在北京话中的语法化》、沈家煊《我看汉语的词类》、陆丙甫《语序优势的认知解释(上):论可别度对语序的普遍影响》、许余龙《英汉指称词语表达的可及性》属于语法学的考察;胡壮麟《有关语篇衔接理论多层次模式的思考》、张辉等《概念转喻的本质、分类和认知运作机制》分别属于语篇研究和认知语言学角度的考察;刘峤等《知识图谱构建技术综述》则属于情报检索研究,关注的都不是"语用"和"修辞"问题。

进一步考察,我们以"政治修辞+指称"和"政治修辞+新闻语言"检索中国知网,都只有外文文献而没有中文文献。

而以"新闻语言+指称"加以检索,获得14篇中文文献。如《中国报纸新闻语言中称谓语系统研究》(丁春花)、《从"匪"类套语看新闻语篇中他者群体的污名化》(付伊)、《涉外报道中对有争议地名的指称问题——以〈人民日报〉(1946—2012)为例的分析》(韩晓晔)等。

指称(reference)是指在某种特定的情况下语言表达形式与所

指对象具有相关联性。这不是语言表达本身包含的,而是说话者在某种特定的情况下借助于词汇的方式对某种对象指称,而听话者在理解过程中设想其所指对象。一般来说,词语指称的言语形式主要是名词性成分。近年来,关于指称问题的重要著作有《指称转喻——词汇语义的认知途径》①、《句子语义与非指称词:意义·交际域·语用》②、《语篇视角语言表征的认知研究:指称在意识流语篇中的视角标记作用》③、《内向指称:以康德批判哲学为进路的意义理论研究》④、《语言·意义·指称:自主的意义与实在》⑤、《命名和指称:语词与对象的关联》⑥,这些著作大多是从哲学的角度介绍康德、洛克、布伦塔诺、皮尔士、弗雷格、罗素、斯特劳森、塔尔斯基、卡尔纳普、奎因等对于指称的认识,并介绍了作者自己对命名和指称问题的解决方案。

中国语言学研究对于指称问题主要关心的是基于句法语义研究需要的"指称分类系统问题"及其语法表现。如,徐烈炯⑦曾经依据形式主义框架提出中文名词性成分指称系统的类指与非类指、无定与有定、有指与无指几组概念。

---

① 周福娟、汤定军:《指称转喻——词汇语义的认知途径》,厦门大学出版社,2012年。

② 沙图诺夫斯基:《句子语义与非指称词:意义·交际域·语用》,薛恩奎译,北京大学出版社,2011年。

③ 赵秀凤:《语篇视角语言表征的认知研究:指称在意识流语篇中的视角标记作用》,科学出版社,2009年。

④ 陈杰:《内向指称:以康德批判哲学为进路的意义理论研究》,上海大学出版社,2009年。

⑤ 叶闯:《语言·意义·指称:自主的意义与实在》,北京大学出版社,2010年。

⑥ 内尔森:《命名和指称:语词与对象的关联》,殷杰、尤洋译,上海科技教育出版社,2007年。

⑦ 徐烈炯:《共性与个性——汉语语言学中的争议》,北京语言文化大学出版社,1999年。

第一章　新闻指称序列的研究现状、分析思路和全书框架

$$NP \begin{cases} 类指的 \\ 非类指的 \begin{cases} 无定的 \begin{cases} 有指的 \\ 无指的 \end{cases} \\ 有定的 \end{cases} \end{cases}$$

陈平[2]等则从功能主义出发分析了汉语的指称系统：

$$NP \begin{cases} 有指 \begin{cases} 定指 \\ 不定指 \begin{cases} 实指 \\ 虚指 \end{cases} \end{cases} \\ 无指 \end{cases}$$

他认为：汉语指称系统包括"有指、无指"、"定指、不定指"、"实指、虚指"等概念。"有指"表示对象是话语当中的某个实体；"无指"表示对象不是话语中的某个实体，而是抽象的属性。"定指"指使用某个名词性成分时能够将所指对象与语境中某个特定的事物等同起来，而与同一语境中可能存在的其他同类成分区分开来；"不定指"预料听话人无法将所指对象与语境中其他同类成分区分开来。"实指"指所指对象是某个在语境中实际存在的人物；"虚指"指所指对象只是一个虚泛的概念，其实体在语境中也许存在，也许并不存在。

王红旗[3]的研究脉络显得更加清晰：

$$NP \begin{cases} 指称成分 \begin{cases} 有指成分 \begin{cases} 显指成分 \begin{cases} 定指成分 \\ 不定指成分 \end{cases} \\ 隐指成分 \end{cases} \\ 无指成分 \end{cases} \\ 非指称成分 \end{cases}$$

这里首先是区分"指称成分"(referring expression)和"非指称成分"(nonreferring expression)。

---

① NP：Noun Phrase 的缩写。
② 陈平：《释汉语中与名词性成分相关的四组概念》，《中国语文》1987 年第 2 期。
③ 王红旗：《功能语法指称分类之我观》，《世界汉语教学》2004 年第 2 期。

指称问题的研究尽管在中国相当深入,不过我们也看到依然存在着明显的问题,这就是基本上都是局限在句法学和逻辑学的层面加以考虑,几乎没有什么能从语言的角度或者广泛的层面加以分析的。没有考虑到语法学以外的社会问题,在方法上比较单一,这不但极大地限制了指称问题研究的结论推广运用的可能性,而且也影响了结论的可靠性。

本书主要讨论的是"指称成分"的范畴化问题。所谓"范畴化(categorization),指人类将经验组织成各种一般概念及相关语言符号的整体过程"。①其中包括:非指称成分如何范畴化成为一个指称成分,指称成分如何"非范畴化"为陈述成分,若干个指称成分如何范畴化成为一个新的指称成分,有指成分如何转化为无指成分。由此,试图进一步解释中国新闻语言是如何"生产"某些范畴并影响着社会生活的。

三、序列问题的研究现状

序列问题是语言学尤其是汉语研究中的一大热点。根据我们对于"中国知网"的统计,在"主题"中包含"序列"的,在"语言文字学科"中达1 575篇,而在"新闻传播学"中则没有;在"篇名"中包含"序列"的则有184篇。

1. 基于语义场分析的序列研究

在汉语序列研究中,通常都是基于"语义场"类型分析而展开的。语义场是借用物理学中"场"的概念而来的,是指语义的类聚。语义场强调的是一个词跟全体词在语义上存在着密切的联系,只有通过比较、分析词与词之间的语义关系,才能确定这个词真正的内涵。

在语义场分析中,常常可以看到"表现数目、季度、月份、军

---

① 戴维·克里斯特尔:《现代语言学词典》,沈家煊译,商务印书馆,2000年。

衔、学位、度量衡单位、考核或比赛名次等的义位",语义学者将之称为"顺序义场"。①也有称为"层序义场"(张国宪,2005)或者"有序场"(张普,1992)。刘叔新(1990)注意到了传统的顺序义场内部有两种性质不同的小类,一是"挨连",一是"级次"。所谓"挨连"就是指"……成顺序的词语列",即"在意义上因彼此顺次挨连而互相制约,又互相以对方为自身意义的条件。……其中任何两个相邻接的单位之间都是互相限制、互为条件的,而所有单位就是以这种关系而有顺序地——挨连贯接成整体"②。如:

(1) 初一、初二、初三、初四、初五……
(2) 子、丑、寅、卯、辰

所谓"级次"是指"有的不同事物,彼此形成严格的级次,……不仅一个一个互相依赖关系在某一结构项上交替重合而连贯下去,而且一级统括一级,每一级由下级所构成"③。如:

(1) 军＜师＜旅＜团＜营＜连＜排＜班
(2) 国务院＜部/委员会＜司/局＜处＜科

张志毅、张庆云从词汇语义关系的角度定义了序列结构,即"在一个语义场内,三个以上义位若是按一定的顺序排列,这些义位之间的关系就是序列结构"④。由此,按照语义场内义位的内容将序列结构分为时间序列、空间序列、数量序列、次第序列、等级序列、习惯序列等六种,在每一大类下还分不同的小类。如等级序列就包括:

---

① 贾彦德:《汉语语义学》,北京大学出版社,2001年。
②③ 刘叔新:《汉语描写词汇学》,商务印书馆,2005年。
④ 张志毅、张庆云:《词汇语义学》,世界图书出版公司,2009年。

(1) 成绩序列：优、良、及格、不及格
(2) 计量序列：微米、毫米、厘米、分米、米、千米
(3) 位衔序列：助教、讲师、副教授、教授

与此同时，作者还归纳出了序列结构的七个语义特征，即"有头尾""方向性""线性""循环性""连续性""模糊性"和"开放性"，并认为这些特征对序列结构的性质起制约作用，不同的特征组合可以形成不同的序列结构：

链条序列——[＋有头尾][＋方向性][＋线性][－循环性][＋连续性][±模糊性][±开放性]。如：过去—现在—将来

螺旋序列——[＋有头尾][＋方向性][＋线性][＋循环性][＋连续性][±模糊性][－开放性]。如：上旬—中旬—下旬

圆环序列——[－有头尾][＋方向性][±线性][－循环性][＋连续性][±模糊性][－开放性]。如：寒带—温带—热带—温带—寒带

2. 基于量级分析的序列研究

序列的问题也是一个量级的问题，量和序是不可分的。

序是量存在的方式。任何一种量都具有量值这一属性，没有量值的量是不存在的。虽然量值本身是连续的，但人们在认识和把握量值时必须将其离散化。而量值离散化的结果就必然使得某类特定的量因量值的不同而天然地形成一个序列。

量也是序列的一个重要特征。量是构成序列各元素之间的前后顺序的可理解的依据之一，即在序列的各元素之间存在着量的差异。

国内有关量级研究最重要的代表应该是李宇明(1997)的量范畴研究。首先,他认为"级次"是量范畴的下位概念。其次,他强调了维度在级次概念里的重要性:"级次是指同一维度中的等级序列。维度其实就是指可进行比较的角度。"[1]只有同一维度中才有级次可言。如"冠军、亚军、季军"表示名次的高低,都属于"比赛的名次"这一维度,它们之间就具有级次性。而"太阳"和"跑"不同,"太阳"属于天体,"跑"属于动作,不属于同一维度,不具有级次性。第三,他指出"级次是客观存在的等级序列在语言上的投射,是语言化了的等级序列"。表达级次的语言手段可以有很多种,例如"高级、中级、初级"的级次显示用的是词汇手段;英语中的"harder、longest"的级次显示用的是语法手段;"很快很快"的级次显示用的是综合型,它既用了有等级意义的副词"很",又用了重叠的语法手段,而且这种重叠的语法手段(特别是构形法手段)表达的语法意义,是语法化了的语义范畴,所以主要存在于形容词这个词类中。而"级次"则不限于用语法手段,也不限于某个词类(如名词、动词等都可以表示级次关系),只要能够反映在同一维度上的等级差异就可以是级次关系。

3. 基于词序分析的序列研究

有人认为"序列的外部形式反映在语言上就是一种词语的排列顺序",这其实并不准确,因为所谓序列,不但可以反映在词语的层面,也可以反映在句子的层面,还可以反映在语篇的层面。不过,在语法研究中,词语序列也就是"词序"的分析的确也给序列研究带来很多深刻的认识。

在西方,Maikiel(1959)很早就开始关注并列成分排序的问题。他以定型的并列结构为研究对象,提出决定这些不可逆并列

---

[1] 李宇明:《论形容词的级次》,载《语法研究和探索(八)》,商务印书馆,2016年。

成分顺序的六大因素。其后 Cooper & Ross(1975)进一步丰富了 Maikiel 的理论,从语义和语音两方面提出若干条排序原则。尽管其中的许多原则并不适合于汉语,同时,汉语体现出的另一些顺序规律又是欧美语言所没有的,但是他们的论述依然给予汉语研究很多启发。

范晓(2001)认为"词序"有狭义和广义之分,狭义的词序是指语法结构中词的排序,广义的词序是指语法结构中语素、词、短语、分句的排序。影响词语排列顺序的原因有很多,可以是语言内部的如句法、语义、语用等,也可以是外部的。序列范畴就是影响词语排列顺序的外部原因之一。

戴浩一(1985)在《以认知为基础的汉语功能语法刍议》一文中提出语序的"时间顺序原则"。时间顺序原则可以表述为"两个句法单位的相对次序决定于它们所表示的概念领域里的时间顺序"①。这也就是说,表示连续的行为或动作的两个动词或动词短语同时出现时,它们之间的次序依据的是概念领域里的时间顺序。例如"张三吃完饭上街""张三上完街吃饭"。在这些句子中,次序的先后其实是时间的先后。他在文章中主要讨论了受时间顺序原则支配的几种语序问题。其一,是那些由时间连接词"再""就""才"连接起来的句子。其中,第一个句子中发生的时间总是在第二个句子之前。如:"我吃过饭(S1)你再打电话给我(S2)。""我们工作一结束(S1)他就来了(S2)。"假如把 S2 排在 S1 前面,则句子不合汉语语法。其二,汉语的动结式表达也是遵循时间顺序原则。如:"他念完了这本书。""他做成了这件事。"在这里,"念—完"和"做—成"是依据"动作—结果"这种自然时间顺序排列的。其三,时间顺序原则也适用于比较结构,判别两个人的高低、胖瘦,显然是先进行比较,后显示结果。如"他比我高"中,表

---

① 戴浩一、黄河:《时间顺序和汉语的语序》,《当代语言学》1988 年第 1 期。

比较的"比"一般在表结果的"高"之前。

汉语研究中对这一问题分析最为深入的是廖秋忠,他提出了10条常见的现代汉语并列成分排序原则,即:

(1) 重要性原则:地位的高→低,主要的→次要的,基础参照点→派生物或依靠/被参照点,价值/评价的高→低,数量的多→少

(2) 时间先后的原则:事件发生的先→后,参与事件的先→后,人、物、事件出现的先→后,到达地点的先→后,约定俗成的序列或顺序

(3) 熟悉程度的原则

(4) 显著性的原则:大或粗→小或细,整体→局部,包含→被包含,近→远,中心→外围

(5) 积极态度的原则

(6) 立足点的原则

(7) 单一方向的原则

(8) 同类的原则

(9) 对应的原则

(10) 其他原则:礼貌原则,由简至繁的罗列原则①

此外,廖秋忠还详细论述了语境在并列成分排序中的运用。近年来,不少语言学者尤其是博士论文在汉语序列问题上也做了不少新的探索,如吴静的《图式理论与当代汉语名词复合词的解读》②、葛新的《现代汉语序列的问题研究》③等,当然,那些基本上都是一种

---

① 廖秋忠:《现代汉语并列名词性成分的顺序》,《中国语文》1992年第3期。
② 吴静:《图式理论与当代汉语名词复合词的解读》,上海外国语大学博士论文,2005年。
③ 葛新:《现代汉语序列的问题研究》,上海师范大学博士论文,2009年。

句法语义学的分析。

应该说,对于中国新闻语言中的指称序列问题的研究来说,以上的这些理论认识都是重要的。

不过,经我们对"中国知网"的检索,文献主题中同时包含"新闻语言"和"指称",或者同时包含"新闻语言"和"序列"的,一篇也没有。

这样,也就引发了我们一系列的思考,既然从来没有专门分析中国新闻语言指称序列问题的文献,则:

——中国新闻语言中的指称序列是否有自己的特征?

——中国语言学研究已有的分析对于认识这些特征到底是否已经是充分的?是否还需要新的认识?

——中国语言学研究已有的分析对于认识这些特征是否全都有效?如果不是,那么哪些认识会"失效"?

——造成已有认识"不充分"或者"失效"的原因是什么?

——中国新闻语言中指称序列的特征到底是如何形成的?是否不断在发生变化?

——中国新闻语言中指称序列特征的变化对于中国社会的意义又是什么?

第二节 分 析 思 路

"任何学术都是目标、问题和方法的统一。"(胡范铸)新闻语言指称序列的研究同样如此。

一、研究目标

新闻语言是本质上是实现新闻传播目的的一种形式,由此,要认识中国新闻语言中指称序列的特征,首先就必须重新认识

"什么是新闻"。

所谓"新闻",通常的定义有:

《辞海》:1.公开传播新近变动的事实的消息。2.新闻文体。广义包括消息、通讯、特写;狭义专指消息。3.最近发生的新事情,新消息。4.新知识。①

《中国大百科全书》:新近发生的事实的报道。事实成为新闻,需经传播者选择,并借助语言、文字、图像、符号等载体及时传播。②

《新闻学词典》:1.公开传播新近变动的事实信息。2.新闻体裁与新闻报道的总称,包括消息、通讯、特写、调查、述评、资料等。从内容分,有政治新闻、经济新闻、文教新闻、体育新闻、军事新闻、法律新闻;从地区分,有国际新闻、国内新闻、本地新闻;从性质分,有动态新闻、综合新闻、突发新闻、连续反映新闻、解释新闻和非事件性新闻等。3.专指一种消息体裁,包括简讯和电讯。③

这些定义固然不错,但我们以为还不是足够充分的。胡范铸先生在《论新闻言语行为的构成性规则》中曾经指出:新闻本质上是一种言语行为,新闻言语行为就是用语言"根据社会的普遍伦理准则,在面向公众的开放性媒体上,以公众认可的专业身份,根据恰当的信息源,以最短的时间发布目标受众最需要的有关最新变动的或最新发现的事实的信息"的行为。④

---

① 《辞海》,上海辞书出版社,1989年。
② 《中国大百科全书》,中国大百科全书出版社,1998年。
③ 余家宏等:《新闻学词典》,浙江人民出版社,1988年。
④ 胡范铸:《论新闻言语行为的构成性规则》,《修辞学习》2006年第1期。

据此,我们需要提出进一步的认识。

传播学大师李普曼在他的名著《舆论学》①开篇,就曾经先介绍了这样一个故事:

> 1914年,有一些英国人、法国人和德国人,同住一个海岛上,那个海岛交通不便,没有电报,所有外部新闻都依赖2个月一次的邮船。上一班船送来的报纸上报道某贵妇人的枪击案,因此,从7月到9月,岛上的居民谈论的都是这件事情,都迫切想了解案件判决的情况。于是,在9月邮船到达的那天,全岛居民都聚集在码头等待判决消息,可是新来的报纸报道的却是英法向德国开战已经6个星期了。也就是说,在这6个星期中,岛上的英法居民和德国居民实际上已经是敌国之间的关系,但他们相处还是像朋友一样。

通过这一故事,李普曼有力地揭示了新闻信息与现实世界和人们想象三者之间的既关联又冲突的情景。在这里,新闻的确是现代社会最重要的传播公共信息的工具,新闻语言的确是现代公共生活中最重要的一种语言领域。不过,新闻的意义不仅仅在于传播信息,不仅仅是社会公共信息的传播者,它也是社会认知的形塑者:塑造人们的观念,调整人们对世界的想象,制约人们行动的动机和动力。

在这一意义上,我们与其说现代社会是依据种族的共同、民族的归属、血缘的关联等来区分成不同社群的话,还不如说更可能是由于新闻偏好(容易接收到的新闻和愿意相信的新闻)的不

---

① 李普曼:《舆论学》,林珊译,华夏出版社,1989年。

同,而形成不同的社会集团。你很难想象,《华盛顿邮报》的忠实读者阅读《人民日报》会有同样的信赖感,同样,《计算机信息报》的忠实读者对于《社会科学报》的采信度也不会相同的。

由此,我们以为,在新闻语言研究中,对于所谓新闻,需要重新定义为:依据一定的意识形态和目标受众的需要,在开放性的媒体上,以公众认可的专业身份,根据恰当的信息源,以最短的时间发布有关最新变动的或最新发现的事实的信息的行为。这是现代社会公共信息传播最主要的形式,既是新闻业者对于社会信息的一种选择性传播的过程,也是社会认知的形塑过程和社会群体的黏结过程。

因此,新闻语言的研究,不仅仅需要了解新闻语言是如何再现新闻事件的,更要分析新闻语言是如何塑造人们的观念、调整人们对世界的想象的,分析新闻语言是否可能遮蔽了我们观察社会的眼睛,分析新闻语言是否可能帮助公众感知社会前进的方向,推动社会现代化的进程。

新闻语言的现代性既是社会语言生活现代性的一种标志,也是对于社会语言生活现代性的一种形塑——尤其是在中国社会变革和发展最为迅速的近几十年内。中国教科书语言的变化基本上是远远落后于社会意识形态的发展和变化,而新闻语言却明显承担起为社会意识形态现代化的发展导夫先路的任务,尽管这一过程是如此艰难。

既然如此,我们的研究目标就是:

——通过对于中国新闻语言中指称序列的分析,了解新闻语言在指称序列问题上的性质、类型特征及其形成动因,丰富语言学对于指称序列的认识。

——通过对新闻语言中指称的序列问题的具体考察,有效地认识中国新闻语言发展中存在的问题和困难,认识中国新闻语言现代性艰难而有效的进步,认识如何推进中国新闻语言乃至整个社会语言生活化、民主化、国际化的进一步发展。

胡范铸先生曾经指出:"在中国当代社会,语言的价值越来越受到公众的关注,但语言学的研究却每每显得边缘化。中国语言学如果要走出这一困境,依我之见,就不能不思考:如何通过政治语言的研究推动中国政治生活的民主化? 如何通过法律语言的研究推进中国法制建设的进程? 如何通过新闻语言的研究促进中国新闻生活的现代性? 这是中国语言学不容推辞的历史使命,也是历史赋予中国语言学的发展契机。"[1]本书可以说正是这样一种努力。

本书的具体目标则可以概括为:

——重新界定"新闻"的概念,由此,确立新闻语言中指称序列研究的基本目标。

——理清新闻语言中指称序列的基本属性、类型与制约条件。我们将语言中的指称序列看作是一个意象图式,其内部特征包括序列的成员、次序、维度、尺度等,在不同的语用条件下会呈现不同的特征。

——具体分析并理解中国新闻语言中重要地名类指称序列、重要机构类指称序列、重要术语类指称等使用特征及其背后的"意识形态"。现代社会是"信息爆炸"的社会,不是所有的信息都值得成为"新闻"传播,只有"目标受众最需要的"才最有资格成为"新闻",由此,我们必须首先分析直接影响社会生活的重要地名、重要机构和重要术语类指称序列等的特征。

——最后从"新言语行为分析"和范畴化、关联理论等角度讨论制约新闻语言指称序列的动因和语用原则,并对如何促进中国新闻语言的现代性提出具体建言。

---

[1] 胡范铸:《新闻的话语分析和语言学工作者的使命》,载《新闻话语研究初探》,江西人民出版社,2011年。

二、理论资源

1. 批评语言学

与新闻语言和指称序列研究相比,批评语言学(critical linguistics)还是一个相当新鲜的话题,它兴起于 20 世纪 70 年代的西方,被介绍进中国的时间更为短暂。

"批评语言学"可以说是由哈贝马斯(Habermas)、韩礼德(Halliday)和福勒(Fowler)、费尔克劳(Fairclough)等人的直接推进下诞生并发展的。

20 世纪 60 年代,在实证主义越来越把科学或科学知识视为纯粹客观的东西,忽视它与人类对技术控制的兴趣之间联系的背景下,在西方人文科学领域,曾经爆发了一场关于行为主义和实证主义的影响、社会科学的主题和基本方法等问题的大辩论。阿多诺(Adorno)、霍克海默(Horkheimer)、哈贝马斯等纷纷指出:纯实证主义科学只限于所谓的"客观"描写和呈现"事实",但忽视了这样一个简单的事实,即科学是由科学家来研究的,而科学家跟任何其他人一样具有自己的观点、兴趣和意识形态。

于是,哈贝马斯(1971,1973)提出一个"批评社会科学"的理论框架。他认为,知识有其历史的和社会的根源,它与人类的兴趣密切相关。哈贝马斯指出,人类具有三种认知兴趣:"技术的兴趣"(the technical interest)、"实践的兴趣"(the practical interest)、"解放的兴趣"(the emanci patory interest)。这些兴趣分别来自劳动、言语交际和权力(即支配和限制的关系)。而劳动、言语交际和权力也是以下列三种科学为发展的基本条件:经验分析科学(包括各门自然科学)、阐释学(包括各门文化科学)和批评科学。由此,他提出,人类对获得自身解放的兴趣构成了以促成反省为目标的批评科学的主要动机,而批评科学又是包括自然科学在内的人类所有社会活动所必不可少的科学。每一门把客观意义包括在其研究对象领域中的科学都不得不考虑解释者的参与角色在方法论上的含义。解释者不必赋予他所观察到的事物以意义,但他必须阐明所观察到的结果的特定意义,这种意义只能通过交流过程中的上下文而被理解。

在这一思潮的影响下,西方学术界越来越不满足于就语言结构讨论语言结构。韩礼德(1978)提出了"工具语言学"(instrumental linguistics)的概念,并将其定义为"为了理解别的事物,如社会制度,来研究语言"。

而福勒等则开始集中讨论语言与权力的关系以及语言对社会过程和个人生活的干预作用:

> 流行的正统观念认为,语言学是一门描写学科,无权对它所分析的材料进行评论;它既不规定用法也不评价所调查的事物。但是我看不出有什么理由不应该存在具有不同的目标和程序的语言学分支;既然语言运用充满了价值,那么实践一种旨在理解这种价值的语言学似乎是无可非议的;这就是已为人们所知的批评语言学。(福勒,1991b:5)

他在1979年出版的《语言与控制》(*Language and Control*)这本书里,首次提出了"批评语言学"这一概念,提出了对话语或语篇进行批评性的分析的问题。他指出:(1)我们每天生成和接触的语言包含关于现实的具体观点或理论;不同的说话方式和写作风格表达对经验世界各领域的不同分析和评价。(2)语篇类型上的变化与社会因素和经济因素密切相关,因为语言变体反映和表达社会结构中的差异。(3)语言运用不仅仅是社会结构建立和过程发展的结果或反映,而且是这些过程的一部分,它构成社会意义和社会实践。

在十年之后,费尔克劳在其著作《语言与权力》(*Language*

and Power，1989)中进一步提出了"批评性语篇分析"(critical discourse analysis)的概念，倡导对语篇，尤其是"公众语篇"(public discourse)进行批评性分析，以提高人们对语言运用的批评力，更好地应付当今语言对社会生活越来越广泛的介入。由此，费尔克劳提出了批评性语篇分析的三个层面：(1)"描写"(描写语篇的形式特征)；(2)"阐释"(阐释语篇与生成、传播和接受交际过程之间的关系)；(3)"揭示"(揭示语篇交际过程和它的社会语境之间的关系)。

在这里，批评语言学从一开始关注的就是：如何分析人们生成的符号(如词、短语、句子等)和他们交流的意义之间的关系？如何揭示语篇中含而不露的意识形态意义，尤其是那些人们习以为常的歧视、偏见和对事实的歪曲？如何解释其存在的社会条件和对于权力斗争的作用？

根据我们对于"中国知网"的统计，国内的批评语言学研究在"主题"中包含"批评语言学"的，在"语言文字学科"中有429篇，在"新闻传媒学科"中有73篇。在"篇名"包含"批评语言学"的，在"语言文字学科"中有77篇，在"新闻传媒学科"中有6篇。

其中的主要代表有辛斌、施旭、黄敏、杨敏等。南京师范大学辛斌的《新闻语篇转述引语的批评性分析》①专门以西方新闻语篇为例，分析了转述引语的形式与功能如何随语篇类型的不同而有所变化的，并揭示新闻语篇中的转述引语貌似客观公正，实际上报道者往往以各种方式介入其中，有意无意地以自己的观点影响读者对引语的理解。其后，他的《批评语言学：理论与应用》②则成为最集中介绍西方批评语言学研究的一本著作。

此外，浙江大学施旭的《从话语研究的视角看城市发展》③，华

---

① 辛斌：《新闻语篇转述引语的批评性分析》，《外语教学与研究》1998年第2期。
② 辛斌：《批评语言学：理论与应用》，上海外语教育出版社，2005年。
③ 施旭：《从话语研究的视角看城市发展》，《文化艺术研究》2008年第1期。

东师大黄敏的《新闻话语与政治的中介化》《新闻话语研究初探》《外媒涉藏报道与我国对外传播策略:一个框架分析的路径》①,中国人民大学杨敏的《法律语篇权力意志剖析》②都是比较值得注意的研究。

不过,这些研究的作者基本上都是外语学界的,因此他们所从事的或者只是对西方批评语言学的介绍,或者只是用西方批评语言学的理论分析西方的新闻语篇,几乎没有什么直接由对汉语和中国新闻的问题而展开的研究。

西方的批评语言学的基本特点是:第一,紧紧抓住其社会语言生活中的突出问题加以批评性的分析,尤其是通过语篇分析向人们展示语言结构背后隐藏的意识形态意义和社会权力关系;第二,紧紧抓住其语言体系的特征,如"时态""情态""可及性"等进行意识形态的分析。

而我们注意到,与此相比,中国的批评语言学研究关注的"问题"往往是西方社会的,而分析的"路径"也是西方语言的。

当代中国正在大步迈向现代化,中国新闻也正在发生强烈的现代变革。汉语是一种孤立语,汉语最重要的语法手段是语序,"序列"正是语序问题的一种表现形式。因此,我们选择中国新闻语言的指称序列问题进行研究,这既是中国当代生活中一个非常"自己"的重要问题,也是汉语研究中一个更加"自己"的问题。

2. 范畴化理论

"语言中词语所表达的意义,以及如何结合使用,取决于人们

---

① 黄敏:《新闻话语与政治的中介化》,《新闻与传播研究》2009 年第 5 期。《新闻话语研究初探》,江西人民出版社,2010 年;《外媒涉藏报道与我国对外传播策略:一个框架分析的路径》,2009 年国家社科基金项目。

② 杨敏:《法律语篇权力意志剖析》,《外语与外语教学》2005 年第 3 期。

对于周围真实世界的感知和范畴化。"①

所谓"范畴化"是指,第一,语言所表达的各种意义是人类对世界感知并抽象的结果;第二,人类对世界的感知和体验必须借助语言加以保存和反复使用;第三,在这一使用过程中,一些语言经验会获得压缩与固化,凝结为一个个范畴。这一过程便是一种语言表达式的范畴化过程。也就是说,所谓"范畴化"就是"语言使用者通过语言把非语言的世界作为客体进行分类"的过程。

Lakoff(1987)的"理想化认知模型(idealized cognitive models,缩写为 ICM)",可以说是关于自然语言中概念结构类型及语义范畴形成的一个具有代表性的分析模型。该模型认为,概念范畴是和人类的某个认知模式相对应的,这些模式主要有四种类型:命题模型、意象-图式模型、隐喻模型和转喻模型。其中命题模型和意象-图式模型是基本模型,隐喻和转喻模型则是在两个基本模型基础上构成的。②这一分析框架,我们以为也完全可以用于指称序列的研究。

3."新言语行为分析"

"言语行为"的概念尽管在 20 世纪二三十年代已经出现,但"言语行为"分析则源于剑桥大学教授奥斯汀(Austin)。西方语义学起初认为语义的问题核心在于真值与否。奥斯汀对此作出了批评,他认为语言不仅是一种符号,还可以是一种行为,"话语"既有命题句,也有施为句——也就是同时表示一种言语行为的句子。由此,奥斯汀确立了"言语行为研究"的合法性。他不但提出了"言有所为"的思想——言语不仅有所述,更有所为,还把"言有所为"的思想推广至一切言语行为——"言有所述"也是一种言有所为。在奥斯汀的影响下,语言哲学研究的相关认识从"语言只

---

① 王寅:《认知语法概论》,上海外语教育出版社,2006 年。
② 张敏:《认知语言学与汉语名词短语》,中国社会科学出版社,2010 年。

有真值与否的问题,也就是命题意义"发展为"语言除了有命题意义还有施为意义"(言有所为),进而发展为"一切话语都有所为",直到认识"言语即行为"。

根据这一思想的逻辑发展,胡范铸提出:"言语行为是人类行为的一种,是人类最重要的社会行为。人类是万物的灵长,是社会性的动物。动物的最大特征就是有动作行为。由此而言:人类的行为有主观控制性的,也有非控制性的(如'心跳');主观控制行为中,有社会互动性的,也有非互动性的(如'睡觉');社会互动行为中,有交换信息性的,也有非信息性的(如'被谋杀');信息交换行为中,有依赖语言实现的,也有依赖非语言实现的(如'微笑');而一切依赖语言实现的信息交换行为都是言语行为。"由此,他对言语行为概念提出了自己的重新定义:

> 所谓"言语行为",就是某言语行为主体在一定的人际构架和语境条件中,根据自己的意图和愿意投入的成本,组织并发出一段话语,另外的言语行为主体接受到这一话语并作出有关联的反应这样一种社会互动的游戏。①

胡范铸的"言语行为分析"被认为是一种"新言语行为分析",在中国修辞学界和语用学界已经引起了比较广泛的关注。根据"新言语行为分析",言语行为既然都是一种"游戏",则任何游戏都有一定的"规则",而规则有"构成性"的,也有"策略性"的。制约言语行为的最高规则就是"合意性",都要合乎说话者的意图,"合意性"不仅制约了言语行为的过程,同时还决定了言语行为的结构。不过既然言语行为是一种"社会互动的游戏",则就必定不仅仅是自我本身的活动,甚至也不仅仅是"我说你听"的过程,而

---

① 胡范铸:《汉语语用学研究》(讲义,2011年,未刊)

是一种在"我""你""他"三方的人际关系的构架中实现的事件。

"新言语行为分析"对于我们认识中国新闻语言中的指称序列的语用规则将是非常重要的基础。

4. 话语分析

话语分析的研究传统最早可追溯到两千年前的古典修辞学。从20世纪60年代开始,话语学科作为一门独立学科得到快速发展并成为国际性的知识。话语分析是一门开放的学科,"它从所有可能的视角研究文本和谈话或语言运用"[1],可以推进人们对传播内容进行多面向的关注。话语分析的开放性特征为本研究话语分析构架的建立提供了充足的空间。

5. 观念史学

观念史学是当代西方语言学、思想史和社会学融汇而产生的一种研究,随着西方传统思想史研究的语言学转向而兴起。其具体的取向有三类,一是德国的"概念史"模式(Begriff sgeschichte),主要关注"历史语义学分析";二是英美的"观念史"模式(history of ideas),主要关注"文本的原初语境"分析;三是法国的"概念社会史"模式(socio-histoire des concepts),主要关注话语背后的语言形态或社会背景分析。[2]

在观念史学看来,应该把"政治词汇自身看作是历史研究的正当对象",也就是说,要"把政治语汇看作是政治现实的生成性要素(constitutive of political reality)",而不是外在于政治现实的一种元素。"政治行动能且只能被理解为语言行动",谈判、命令、让步、劝诫、动员、妥协和赞同以及所有构成政治行动语汇的动词都是一种言语行为。因此,把特定的概念"从其共时性语境中抽离出来,然后又依次把这些具体的支脉聚合起来,以便重新创造

---

[1] 梵·迪克:《作为话语的新闻》,曾庆香译,华夏出版社,2003年。
[2] 方维规:《概念史研究方法要旨——兼谈中国相关研究中存在的问题》,载黄兴涛主编《新史学》(第三卷),中华书局,2009年。

出一个整体",可以更有效地认识"社会或政治概念与其对应的社会结构或非语言性内容之间的紧张关系",认识"历史的全貌",在政治话语和政治语汇的变化中把握政治和思想史的发展和冲突。[①]

国内最重要的观念史研究应该是金观涛、刘青峰的《观念史研究:中国现代重要政治术语的形成》。作者的研究对象不再是单纯的、在个人那里存在的"思想""理论""概念",而是相当社会化了的、已经深入到众多人脑子里的、因此也就具有社会行动活力的"观念"。我们可以将"观念"看作一种在个人思想和社会行动之间的中介。并不是说我们每个人都有原创思想的能力,但是,我们都有自己的观念——世界观、人生观、价值观等,我们依靠这些观念应对我们的生活世界。当有意义的新思想在少数个人那里产生之后,要产生影响社会的效力,就还必须在某个范围内流行,成为某个群体中的观念,然后越来越普及,成为人们行动的目标或动力,最后在不同程度上改变社会的面貌。一个人的思想如果不变成千百万人头脑中的观念,也就不会产生改造世界的伟力。正是"观念"连接了思想和行动,也连接了个人和社会。

观念史学就其基本方法讲我们以为可以说与批评语言学异途同归。

三、技术路径

——语料选择

本书的语料主要来源于报纸、杂志新闻词条中的汉语名词性成分。

其中,选取《人民日报》1946 年创刊至 2010 年的每年 10 月 1

[①] 梅尔文·里克特:《政治和社会概念史研究》,张智译,华东师范大学出版社,2010 年。

日头版新闻中所有名词性指称;其次,适当补充其他报刊的一些材料。在做语料搜集和整理的过程中,并在研究深入的情况下,发现1946—2010年的《人民日报》语料并不能完全满足笔者的分析,所以又将语料库扩大,最后选取了《人民日报》1949年至2013年3月17日(全国人民代表大会十二届一次会议闭幕)期间日期尾数为1、3、5、7、9的报纸。

越是重要的新闻越是与国家政治和法律生活密切相关,因此,我们同时也选取了一些中国新闻媒体刊登的政治本文和法律文告,并不局限于"新闻记者撰写的新闻"。

——技术方法

(1) 文本分析和语境分析结合:研究话语与社会认知和交际的关系。

(2) 定性研究与定量研究结合:以《人民日报》创刊至2013年3月报纸的头版新闻语言作为样本,共读取了9 000个名词性指称,并对这9 000个名词性指称进行了统计和分析。

(3) 历史研究与对比分析结合:对比分析一些特殊名称序列的发展轨迹以及在不同历史时期的取向差异等。

第三节 全书框架

围绕研究目标,全书共分九个方面展开。

开首是引言,提出问题。

第一章着重确定本书研究的目标、问题和方法。在对国内外新闻语言问题研究、指称问题研究、序列问题研究回顾的基础上,对"新闻语言""指称""序列"等一系列基本概念重新加以界定,确定本书研究的根本目标是:通过对于中国新闻语言中指称序列的分析,了解新闻语言在指称序列问题上的性质、类型特征及其形成动因,丰富语言学对于指称序列的认识。同时,通过对新闻语言中指称的序列问题的具体考察,有效地认识中国新闻语言发展中存在的问题和困难,认识中国新闻语言现代性艰难而有效的进步,思考如何推进中国新闻语言乃至整个社会语言生活现代化、民主化、国际化的进一步发展。而主要的理论方法就是:"批评语言学""范畴化理论""新言语行为分析""话语分析"和"观念史学",并由此勾勒出本书的基本架构。

第二章着重论述新闻语言中指称序列的基本属性和基本类型。通过对《人民日报》语料的搜集,概括出新闻语言中指称序列分为一般序列、重要序列,固化序列、半固化序列、非固化序列,显性序列和非显性序列,单一序列和非单一序列,由此确定本书的研究重点是中国新闻语言中的重要指称的序列。

第三章到第六章,分别论述中国新闻语言中一系列重要的指称序列的特性。其中第三章主要分析中国新闻语言中重要争议地名的指称序列,并揭示这类序列与当代中国外交的主体化进程的关系。第四章主要分析中国新闻语言中重要权力机构的指称序列,并揭示这类序列与当代中国社会的法治化进程的关系。第五章主要分析中国新闻语言中重要核心术语的指称序列,并揭示这类序列与当代中国思想的现代化进程的关系。第六章主要分析当代中国新闻语言中其他一些重要事项如宗教、民主党派等指称序列,并揭示这些序列与当代中国生活的多元化进程的关系。

第七章,依据认知语言学、范畴化理论、"新言语行为分析"等对新闻语言指称序列的基本语用原则和社会功能加以分析。

第八部分为总结全书,概括本书的主要贡献与不足。

第二章

新闻语言中指称序列的基本属性和基本类型

何谓"序列"?

一般认为序列就是一定成分的并列,而所谓"并列"有两种理解:一是和国外语言学中的"co-ordination"对译,即"将若干通常有相等句法地位的语言单位(例如小句、短语、词)连接起来的过程或结果"[1];二是作为"联合"范畴的下位范畴,即"联合短语是由两个或两个以上部分组成,各部分之间有并列、递进、选择等关系"[2]。

但这一理解对于分析中国新闻语言中的指称序列问题显然还是不够的。我们将从对于序列的性质重新分析入手,提出我们对于新闻语言指称序列的重要新定义。

第一节 序列的基本性质

一、序列的基本要素

讨论序列的性质,首先就需要考察构成序列的基本要素。这就是成员、维度、序次、间距。

---

[1] 参见《现代语言学词典》,第 87 页。
[2] 参见张斌《简明现代汉语》,复旦大学出版社,2008 年。

序列,可以简单理解成是被排成一列的对象(或事件)。我们可以把序列中的对象或者事物看作是序列的"成员",也就是任何序列都包括一定的成员。在一个序列中,序列的各个成员一般都存在某一共同属性,存在于序列各成员的这种共同属性可以看作是序列的"维度"。

构成序列的成员之间不断具有共同的性质,而且彼此之间还具有次第展开的关系,即"序次"。

而按一定性质次第展开的一组成员,其次第展开的过程又太长,需要保持一定的"间距","中央、地方、基层""省、市、县""市长、副市长、市长助理"的间距显然不同。

二、序列的一般特性

有人将汉语的序列属性分为"线条性、不对称性和方向性",并认为"序列的不对称性是指序列内部各成员在语义上是不对称的,即各个成员在同一范围内显示出的差异性特征,和存在于某些典型并列结构中的对称性相区别"[1]。这样的说法其实不妥。

我们认为序列的基本属性应该是:集合性、线条性、方向性和图式性。

1. 集合性

任何序列都是一个集合,由多个成员按照一定的关系集合而成的关系范畴。

由顺序义场所概括出来的序列,在许多方面表现出一个关系集合的特征。比如"星期一"这一概念,离开了同在一个序列中的其他成员如"星期日""星期二"等是无法被说明的。同样,在星期序列中的所有成员也都具有这种特征。其他如"教授、副教授、讲师、助教""省、市、县、乡、村"等也一样。序列是典型的集合。

---

[1] 葛新:《现代汉语序列问题研究》,上海师范大学博士论文,2009年。

2. 线条性

序列的线条性属性不仅仅反映在形式上即序列体内部成员一个挨着一个的依次排列，更重要的是在序列的内容即内部成员之间的关系上也显示出线条性特点，即具有序列关系的各成分在空间或时间轴上成线性排列。如：

(1) 第一、第二、第三、第四、第五……
(2) 源头、上游、中游、下游、入海口……
(3) 初一、初二、初三、初四……
(4) 婴儿、幼儿、少儿、青年、中年、老年

序列的线条性可以将序列其他类似序列的发展，如"分支(branch)"区别开来。"分支"常存在于"部分—整体义场"中，它和序列有很多相似的地方，其内部成员也有排列的顺序，但这种排列的顺序不是线性而是"树形"的（见图2-1）。

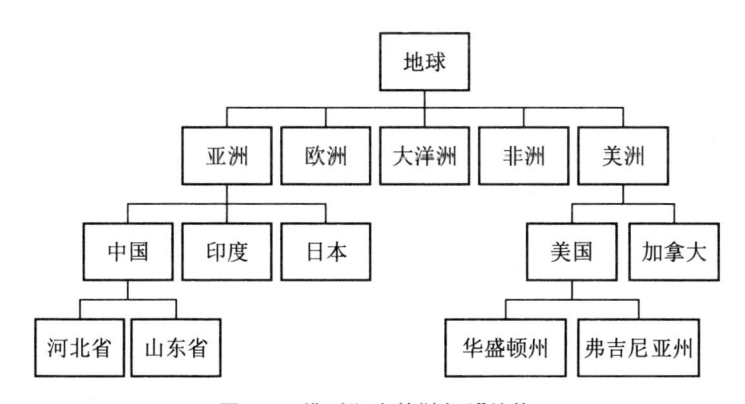

图 2-1 排列顺序的"树形"结构

3. 方向性

序列的方向性是序列的线条性的表现。线条性决定了序列

有两个端点,这两个端点有"开始"和"终结"这样的差别,而"起点、终点"即是所谓的方向。如:

(5)目前,长征运载火箭系列可以适应国际商业市场各种用户的需要,可满足<u>小型</u>、<u>中型</u>、<u>大型</u>卫星<u>低</u>、<u>中</u>、<u>高</u>轨道的发射需要。(《人民日报》1994年1月20日)

(6)二是定期存款存期增设七天和一个月档次,加上原有的<u>三个月</u>、<u>半年</u>、<u>一年</u>、<u>两年</u>,使存期扩展为6个档次。(《人民日报》1993年3月1日)

(7)他从当<u>战士</u>、<u>班长</u>、<u>排长</u>、<u>连长</u>、<u>营长</u>、<u>团长</u>,以至当了高级指挥员,都坚决做到,枪声就是命令,哪里最危险、最关键,他就带头往哪里冲。(《人民日报》1993年6月20日)

例(5)中序列的方向性是按照卫星的型号大小以及运行轨道的高低来排列的,例(6)中按照存款时间的长短来排列的,例(7)中是按照军衔的由小到大的方向来排列的。

4. 图式性

认知语言学家 Lakoff(1987)的"理想化认知模型(idealized-cognitive models,缩写为 ICM)",是探求自然语言中概念结构类型及语义范畴形成的具有代表性的理论之一。该模型认为,概念范畴是和人类的某个认知模式相对应的,这些模式主要有四种类型:命题模型、意象-图式模型、隐喻模型和转喻模型。其中命题模型和意象-图式模型是基本模型,隐喻和转喻模型则是在两个基本模型基础上构成的。①

序列的范畴化过程也符合 ICM 理论。序列概念的形成符合命题模式。所谓命题模式是指概括了和某个语义范畴涉及的相

---

① 张敏:《认知语言学与汉语名词短语》,中国社会科学出版社,2010年。

关认知领域中的各种背景知识,这些知识包括对特定对象的成分、属性及相互间的关系。序列概念的形成,正是我们将序列所属的对象、序列的属性以及序列成员间的关系等联系在一起,并将之组织成一个标准化、理想化事件或状态的过程。

序列也是一个意象-图式模式。Johnson(1987)指出,意象-图式模式是一种"有意义地组织起来的结构",其中包括"线性序列图式"①。某些词语的意义必须靠序列图式才能充分定义,如"星期二"一词的定义就与序列图式有关。"该图式包含一个由太阳运转所限定的自然周期,它表示 天结束新的 天的开始的标准的特征含义,并涉及一个较大的七天历法的周期概念——星期。在这一理想化模式中,星期是一个由七个部分按照线性顺序组织而成的整体,每个部分被称为一天,而第三天便是星期二。"②

根据以上分析,我们可以把序列重新定义为:序列就是由若干成员按一定维度在线性过程中排列集合而构成的一种图式。

三、新闻语言指称序列的特殊属性

要分析新闻语言中指称序列的特殊性,就必须认识新闻的特殊性。

前文已经指出:新闻就是依据一定的意识形态和目标受众的需要,在开放性的媒体上,以公众认可的专业身份,根据恰当的信息源,以最短的时间发布有关最新变动的或最新发现的事实的信息的行为。这是现代社会公共信息传播最主要的形式,既是新闻业者对于社会信息的一种选择性传播的过程,也是社会认知的形塑过程和社会群体的黏结过程。

由此,新闻语言中指称的序列也就显示出特殊属性。

---

① 张敏:《认知语言学与汉语名词短语》,中国社会科学出版社,2010年。
② 乔治·莱科夫:《女人、火与危险事物》,梁玉玲等译,世界图书出版公司北京公司,2017年。

1. 高意识形态性

在新闻语言中，很多指称形式有强烈的意识形态，既传达某种社会意识形态，也塑造着某种社会意识形态。

（8）他们相信群众，依靠群众，深入车间、班组，同工人群众一起学习<u>马克思列宁主义、毛泽东思想</u>，掌握批判武器，运用马克思主义的阶级斗争观点和阶级分析的方法，剖析林彪、孔老二鼓吹"克己复礼"的历史背景以及林彪阴谋复辟资本主义的反动政治纲领和理论纲领。（《人民日报》1974年5月15日）

（9）思想道德建设要通过多种形式，依靠多种手段，并注意集中力量解决一些突出问题。当前，要搞好社会主义市场经济条件下的思想道德建设，必须充分运用好教育和法律两个手段。重视思想教育，重视思想政治工作，无论过去、现在都是我们党的政治优势。在新的历史条件下，我们要加强和改进思想教育工作，坚持不懈地用<u>马列主义、毛泽东思想、邓小平理论</u>武装广大干部群众的头脑。（《人民日报》1996年8月20日）

（10）"六要"：（一）要认真学习<u>邓小平理论，学习江泽民"三个代表"</u>的重要论述，贯彻党的基本路线，与以江泽民同志为核心的党中央保持一致。（《人民日报》2000年8月18日）

例(8)、例(9)、例(10)中，是不同时期中国共产党的指导思想。在新中国成立初期指导思想是"马克思列宁主义、毛泽东思想"，直到1997年党的十五大变成了"马克思列宁主义、毛泽东思想、邓小平理论"；十三届四中全会以后，以江泽民为主要代表的中国共产党人，形成了"三个代表"重要思想，2002年11月，中共

第二章　新闻语言中指称序列的基本属性和基本类型

十六大通过了关于《中国共产党章程（修正案）》的决议,把"三个代表"重要思想作为党的指导思想写入总纲部分。中共指导思想的核心术语由十四大形成的三项序列并列组合变成了四项序列——"马克思列宁主义""毛泽东思想""邓小平理论""'三个代表'重要思想"。这几个成分的序列,在其后的新闻语言中固定不变,反映出新闻语言指称序列更具有高意识形态性。

2. 高单向性

新闻是社会生活的反映,也是社会意识形态的标记,而重要者领先是中国意识形态的　个重要特征,则中国新闻语言中的序列明显呈现高单向性的特点,即从高到低,很少随便改变序列的方向性。如：

(11) **中共中央政治局常委、全国人大常委会委员长吴邦国**,中共中央政治局常委、国务院总理温家宝,**中共中央政治局常委、全国政协主席贾庆林**,中共中央政治局常委、国家副主席曾庆红参加了会见。(《人民日报》2003年6月14日)

(12) **江泽民、李鹏、朱镕基、李瑞环、胡锦涛、尉健行、李岚清**……(《人民日报》2002年10月1日)

(13) 代表**党中央、国务院**……(《人民日报》2001年10月1日)

以上三个序列,其构成都是高单向性的,即其序列的方向在一般条件下是不可逆的。

综上,我们可以对新闻语言中指称序列加以定义,所谓"新闻语言指称序列"就是：在新闻语言中,由若干指称性成分按一定维度在线性过程中排列的集合而构成的一种图式。这一图式不断地强烈反映社会意识形态,也不断地重塑社会的意识形态。

第二节 新闻语言指称序列的基本类型

葛新博士论文《现代汉语序列问题研究》认为[①]:序列可以分为以下几种类型:按序列成员的词性将序列分为名词性序列、动词性序列、形容词性序列等;也可以按序列成员所对应的客观现象分为物体序列、事件序列、性状序列等;还可以按序列内部成员数量多少来给序列分类。序列在语言中有两种表现形式,一是在一个语言片段中,序列中的某个成员单独出现(一般是序列两端的成员),葛新将这种序列称为不完全序列。二是在一个语言片段中,序列成员两个或者两个以上同时出现,葛新称其为完全序列。序列关系不仅是两个成员之间的关系,更可以是多个成员之间的关系,但构成序列关系的单位的数量至少是两个。葛新把只有两个成员构成的序列叫作简单序列,如部分反义词、对义词之间的关系就是序列关系,一组反义词就可以构成一个简单序列;由多个单位构成的序列是典型序列,是序列的常见形式。

我们认为,在新闻语言中,序列可以分为指称性序列和陈述性序列。本书将主要考察新闻语言中的指称序列。

一、一般序列与重要序列

语言生活中的叙事可以分为"宏大叙事"和"日常叙事"。一般日常口语中的叙事主要是"日常叙事",所谓"家长里短",其中的序列也多为一般序列;而新闻既然是社会公共生活信息最重要的传播方式,则其中不但包含"日常叙事",更包含丰富的"宏大叙事",越是"宏大叙事"越是具有"新闻性"。因此,其中序列也就可以分为两类,一般序列和重要序列。

---

① 葛新:《现代汉语序列问题研究》,上海师范大学博士论文,2009年。

一般如体育新闻中"申花、泰达"等足球队的排序,文艺新闻中明星的排序,生活新闻中"青菜黄瓜萝卜"还是"萝卜青菜黄瓜"等,其中序列的长短、位次的变化或者只具有语法性的意义,或者只具有当下话题关联性的意义,对于整个社会生活的价值、秩序和意识形态的影响是可以忽略不计的。

重要序列则相反,新闻语言中的重要序列可以体现国家的核心利益,可以影响公众行为规范,更可以形塑社会价值、社会意识形态。典型的重要序列如:新中国成立以来党指导思想的序列变化到"四个现代化"指称序列的变化。

二、固化序列、半固化序列、非固化序列

1. 固化序列

固化序列是指序列成员是相对固定的,其序次更是固定的。固化序列在汉语名词并列结构中呈现以下两种情况。

一是序列成员是一些包含具有量级差异的限定性成分的名词性结构。这些序列的"维度"和"间距"由这些具体的限定性成分显现。如:

(14)目前,长征运载火箭系列可以适应国际商业市场各种用户的需要,可满足<u>小型、中型、大型</u>卫星<u>低、中、高轨道</u>的发射需要。(《人民日报》1994年1月20日)

(15)为期两天的演武大会旨在发掘发展地方拳种,促进武术发展,是社会武术最高级别的赛事,共有来自15个省市的103名武术精英组成19个代表队参加。运动员分<u>青年、成年、中年、壮年和老年</u>五个年龄组和一个绝技表演组。(《人民日报》1996年9月7日)

(16)新疆是全国唯一一个兼有<u>自治区、自治州、自治县</u>三级民族自治地方的行政区域,要结合实际,采取有效措施,确

保民族区域自治法的落实,在坚持和完善民族区域自治制度方面发挥模范带头作用。(《人民日报》2005年10月1日)

二是序列成员本身可以显示出相邻的关系,如:

(17)宋平同<u>市、区、乡、村</u>的计生干部就当前如何开展计划生育工作进行了座谈,鼓励她们积极参与经济建设,把计划生育工作与发展经济和精神文明建设很好地结合起来。(《人民日报》1993年1月22日)

(18)3月19日,罗贵波电报中共中央:越方拟组织高平、老街地区战斗,歼灭那里的敌人,并要求中国选调<u>军、师、团、营</u>干部若干,充任越军顾问。(《人民日报》1959年3月20日)

以上两例中的序列成员在"行政区划""军队建制"域的"尺寸"上表现出"大—小"的差别。

(19)<u>省长、市长、县长、乡长</u>,要对本地区的森林防火工作全面负责。(《人民日报》1993年6月24日)

(20)近日来,驻华北一些兵种部队的练兵场上出现了一队队特殊的学员:穿着训练服的将官校官列队听基层干部、战士讲课;<u>部长、局长、处长</u>驾车、操炮,体验训练生活;参谋人员悉心了解各兵种主要武器装备性能以及训练和技术保障情况。(《人民日报》1993年5月28日)

(21)他从当<u>战士、班长、排长、连长、营长、团长</u>,以至当了高级指挥员,都坚决做到,枪声就是命令,哪里最危险、最关键,他就带头往哪里冲。(《人民日报》1993年6月20日)

（22）被誉为"代表中国儿童文学理论研究水平窗口"的浙师大儿童文学研究所，现有 8 名**教授、副教授和讲师**。（《人民日报》1993 年 6 月 2 日）

以上各例中的序列成员的关系显示为在"官阶""军阶""职称"域的"高低"上的"高—低"或"低—高"的差别。

2. 半固化序列

有的序列是半固化序列，其中部分元素是固定的，而其他是变化的。有时前面固定，有时后面固定。如"港澳台"也可以说成"台港澳"。就序列"港澳台"或者"台港澳"，笔者搜索了《人民日报》语料库，发现以"港澳台"为顺序的序列占了 3 007 条，而以"台港澳"为序列的占了 504 条，但没有以"澳台港"或者"澳港台"为序列的指称。这说明"港澳台"是从回归的先后的角度来说，"台港澳"是从其地区重要性来说，在这里台湾可以放在最前面，或者最后面，但澳门不能放在香港前面。如：

（23）**港澳台**工作进一步加强。香港、澳门保持繁荣稳定，同内地交流合作提高到新水平。推动两岸关系实现重大转折，两岸直接双向"三通"全面实现，签署实施两岸经济合作框架协议，形成两岸全方位交往格局，开创两岸关系和平发展新局面。（《人民日报》2013 年 3 月 6 日）

（24）文化部对外文化联络局局长侯湘华介绍，党的十七大以来，对外和对**港澳台**文化工作取得明显成效。（《人民日报》2012 年 5 月 15 日）

（25）26 日，"唐人故里·闽台祖地"第四届中原（固始）根亲文化节在河南省固始县开幕。来自加拿大、澳大利亚、马来西亚、缅甸等 10 个国家和**台港澳**地区以及福建、浙江、北京等 18 个省市的宗亲代表、文化名流、专家学者、商界精英

1 000多人参加了开幕式。(《人民日报》2012年12月27日)

(26) 全国人大常委会副委员长、全国妇联主席陈至立17日在厦门会见了参加海峡论坛的<u>台港澳</u>妇女界嘉宾代表。(《人民日报》2012年6月18日)

又如,"陆海空"三军,是新闻语言中常见的军队兵种的指称序列,但在《人民日报》语料库中发现既有"陆海空"也有"海陆空",其中"陆海空"指称有2 432条,"海陆空"有892条,无论是哪种指称序列,空军永远放在最后。如:

(27) 天津拥有世界一流的大港和内外通达的<u>海陆空</u>服务功能,依托现代化国际港口,逐步发挥经济枢纽的作用。(《人民日报》2012年8月1日)

(28) "近年来,我国加速编织立体交通网,我国公路、水路、民航均迎来历史上最大规模的建设热潮,取得前所未有的大发展,<u>陆海空</u>条条大道畅通,基本满足了百姓出行需求。"交通运输部新闻发言人何建中说。(《人民日报》2012年6月16日)

3. 非固化序列

赵元任曾经指出:"并列结构中的项目的次序,语法上是可逆的。"①所谓语法上的可逆,即是指并列结构中的并列成分在语言线性序列中的位置是不固定的,而这正是多数序列呈现的面貌。

(29) 本届东亚运动会将于5月9日至18日举行,共有

---

① 赵元任:《汉语口语语法》,商务印书馆,1979年。

中国、日本、蒙古、朝鲜、韩国等九个国家和地区的 2 500 多名运动员参加<u>田径、游泳、足球、篮球、羽毛球、体重、举重、柔道、赛艇、拳击、保龄球、武术</u>等 12 个项目的比赛。(《人民日报》1993 年 1 月 14 日)

(30) 由东亚奥协会发起并决定,经中国政府批准的第一届东亚运动会将持续到 5 月 18 日结束。来自东亚地区 9 个国家与地区的 1 200 多名男女运动员将在 9 天的比赛中,进行<u>田径、羽毛球、篮球、拳击、保龄球、足球、体操、柔道、赛艇、游泳、举重、武术</u> 12 个项目的比赛,来自 13 个国家与地区 112 个新闻机构的 1 000 多名记者参加首届东亚运动会的报道。(《人民日报》1993 年 5 月 10 日)

上述两例是同一年《人民日报》对同一事件的相似报道。例中由运动项目构成的名词并列结构在两则报道中的排序完全不同,但表达的意义却没什么差别。

非固化序列的名词并列项之间整体可以有统一的域,如"铅笔、钢笔、圆珠笔",也可以并无统一的域,如:

(31) 宪法原则规定未来波黑是一个分权制国家,承认穆斯林、塞尔维亚和克罗地亚 3 个主要民族都是国家的宪制部分,根据<u>民族、地理、历史、交通、经济</u>等因素将波黑分为 10 个省区,大部分政府职权由各省行使,但省不具有国际法人资格。(《人民日报》1993 年 2 月 20 日)

(32) 调研服务队每到一地,都对部队的<u>生活设施、战备训练、交通道路、物资囤积、养猪种菜</u>等情况进行认真考察,并广泛听取了官兵和随军家属的意见。(《人民日报》1993 年 8 月 3 日)

例(31)、例(32)中画线部分的并列项没有一致的类属,分属于不同类属的事物很难纳入一个相同的序列中,很难找到各并列项的共同属性,因而不能形成序列维度,在语义上上述并列项只能是对称的。

名词并列项之间部分无统一的类属,如:

(33)人们对市场经济发展带来的外界压力的心理承受能力有所增强,一些改革措施出台,如<u>粮、油、煤气、肉、蛋</u>的提价,并未引起像八十年代哄抢的社会波动。(《人民日报》1993年1月30日)

(34)譬如,在一般的工业题材作品的创作中,作家所面对的除了人之外,占据重要位置的便是<u>厂房、机器、工艺、工具</u>等等。(《人民日报》1993年1月5日)

(35)他的团员是他的学生,都是在生活交往中发现的,有<u>教师、运动员、学生、职员</u>。(《人民日报》1993年1月2日)

以上各例中,"粮、油、肉、蛋"有共同类属"食品";"厂房、机器、工具"有共同类属"生产资料";"教师、运动员、职员"也有共同类属"职业",但例(33)中的"煤气"、例(34)中的"工艺"、例(35)中的"学生"则不属于"食品""生产资料"和"职业"这几个类属,在各个并列项中显得"另类",因而不易使上述各并列项形成一个统一的序列域,也很难和其他并列项一起具有相同的属性。这样的名词并列结构在语义上显然也是表对称的。

还可以是名词并列项之间虽然有统一类属,但不具有可比的属性,如:

(36)饮料也开始五花八门,<u>可口可乐、健力宝、椰汁、粒粒橙、果茶</u>,像轮番走红的歌星,在北京"各领风骚没几

年"。(《人民日报》1993年2月1日)

(37) 经文物普查和考古发现,这个地区文化古迹很多,有墓、楼、台、亭、桥、塔、院、街、石雕、寺庙以及明清古建筑。(《人民日报》1993年1月6日)

上面两例中的名词并列项各属于相同的某个类属,如例(36)并列项可以是"饮料"类属;例(37)并列项可以是"建筑物"类属。在各个具体的类属内,以上各并列项也可以有共同的序列域,如"饮料"类属的"色泽""口味""含糖量"等,"建筑物"类属也可也有共同的"尺寸""材质""形制"等。但在以上两例中,各并列项并没有在这些属性上显示出差异来,所以它们之间仍然不能形成序列的维度,在语义上还是表示对称的概念。

三、显性序列和非显性序列

1. 显性序列

显性序列是指明确显示序列成员间的"次序"的序列。一般说来,显性序列有以下几种情况。

(1) 直接揭示序列排序原则的显性序列。

这一类序列在语言中直接说明序列的排序原则。其中常见的有三种,一是直接表示"按姓氏笔画为序",如:

(38) 中国民主促进会第十三届中央委员会常委名单(45人,按姓氏笔画为序)

卫小春　王　刚　王　铮　王　毅　王佐书　牛汝极
邓宗全　左定超　石爱中　史贻云　冯小宁　朱永新
朱晓进　刘宽忍　刘新成　汤建人　严隽琪(女)李　斐
李和平　何志敏　张　帆　张　涛　张雨东　张俊芳(女)
张震宇　陈自力　陈贵云　尚勋武　罗富和　罗黎辉

周洪宇　庞丽娟(女)　郑福田　姚爱兴　贺旻(女)　粟　甲　陶凯元(女)　黄　震　梅国平　程幼东　谢　勇　蔡达峰　蔡秀军　蔡继明　薛　康(《人民日报》2012年12月22日)

二是直接表示"按汉语拼音为序"。三是直接表示其他排序方式,如"按得票多少排序"。

(2)借助词语内涵显示排序的显性序列。

表示数字顺序的显性序列　在这些序列中,序列成员一般都包含表示序数的词语,是最常见的一种显性序列。如:

(39)詹才芳同志曾被选为<u>第二、第三、第四、第五届</u>全国人民代表大会代表,并当选为第五届全国人民代表大会常务委员会委员,<u>第二、第三届</u>国防委员会委员。(《人民日报》1993年1月4日)

(40)面向二十一世纪,一方面要做好<u>第二代、第三代、第四代</u>的华裔中青年工作,欢迎他们回乡访祖寻根,参观祖国名胜古迹,同时,对一些有代表性或爱国爱乡有出色贡献的人士,要授予荣誉称号,以资鼓励。(《人民日报》1993年3月29日)

(41)对于一些不符合政策法规的摊派,从横向上说,因为<u>甲地、乙地、丙地</u>都这样干了,丁地就认为这样干是允许的;从纵向上说,因为<u>一年、二年、三年</u>都是这样摊下来的,第四年再这样摊就认为是"顺理成章"了。(《人民日报》1993年2月11日)

表示数字顺序的显性序列可以是"第＋数词＋名词"形式,如例(39)、例(40);如例(41)含有中国传统的干支词语的名词并列

第二章 新闻语言中指称序列的基本属性和基本类型

结构也是表数字顺序的显性序列。

表示时间顺序的显性序列 表时间顺序的显性序列即传统的"时点"[①]概念,表示的大多是各时间点在时间轴上的位置。表时间顺序的显性序列大致分两种情况,第一种是表示实在时间顺序。如:

(42)戚老今年已88岁高龄,除偶病在床外,一年四季,每天清晨都坚持外出散步、练操40分钟。雨雪天,打着伞也要出去。<u>中午、下午和晚上</u>还要再散一会儿步。(《人民日报》1993年3月16日)

(43)在这个战场上,一支人民警察的小分队像当年的"南京路上好八连"一样,和成千上万的男女老少,在纷繁复杂、千姿百态的大千世界里,冲锋陷阵,同甘共苦,不断进取,展示出一幕幕反映社会主义的<u>昨天、今天和明天</u>的波澜壮阔、威武雄浑、感人肺腑的活剧!(《人民日报》1994年4月15日)

(44)包括将今年、明年、后年的商业贷款收息率分别定为 <u>60%、80%和100%</u>,对收息率低于当年要求的县,原则上不增加新的商业贷款。(《人民日报》1995年4月6日)

(45)台湾长荣航空公司暂定12月9日至今年底逢<u>星期一、三、五</u>每日三班飞机来往澳门—台北航线,而逢<u>二、四、六</u>另安排飞机飞高雄—澳门航线。(《人民日报》1995年12月18日)

其中,例(42)、例(43)、例(44)是用代体时间词表示时刻序、日顺序和年顺序;例(45)则是用本体时间词表示日顺序和周顺序。

表示空间顺序的序列 自然界里的有些物质实体和其他实

[①] 朱德熙:《语法讲义》,商务印书馆,2003年。

体之间有固定的位置,因而相互之间在次序上形成固有的序列。表示空间顺序的固有序列在词汇层面上有很多表现,如"山顶、山腰、山脚""上、中、下"等,但这一序列在句法层面以序列形式同现的情况却不常见。

(46)在已建成的"海底森林"部分海域水平面推行贝藻鱼兼养,垂直面实行<u>上中下</u>立体养殖:上层养殖海带等藻类,中层挂养虾夷扇贝、栉孔扇贝等贝类,底层播养海参、鲍鱼等海珍品,既提升产出能力又达到生态平衡。(《人民日报》2009年11月19日)

(47)在演习最后一幕——攻打营地、围歼恐怖分子的实兵实弹演习中,参演的联军部队700余人对边境地区的恐怖分子营地展开了强大攻势:空中,直升机盘旋攻击;地面,坦克、装甲车和步兵分<u>左中右</u>三路对恐怖分子实施围剿……(《人民日报》2003年9月13日)

2. 非显性序列

在这类序列中,首先是序列各成员之间在某一共同维度下存在着尺度上的差异。但构成的可比性维度及差异性尺度并不是序列成员所固有的属性,而一般是主观赋予或主观凸显的。如:

(48)房子里有他的<u>女儿、侄儿</u>,还有<u>叶子龙同志</u>等。一会儿,毛主席走了进来,我迎上去。(《人民日报》1993年12月14日)

在这个例子中序列各个成员之间在"亲密"维度上存在着"亲—疏"的差异。另外,还有一种特殊的临时固化序列,其可比性维度主要是靠语境中的其他成分来确定的,如:

（49）墨西哥总检察院日前发表的报告称，军队和警察共同行动，加强了反毒斗争，并取得了重要成果。1月份共查获**46吨大麻、925公斤可卡因、2.4公斤海洛因**，**摧毁1 220多公顷大麻田、2 300多公顷罂粟田**，抓获贩毒分子1 452人。（《人民日报》1993年2月12日）

上例中的"大麻、可卡因、海洛因""大麻田、罂粟田"之间并不存在固有的可比性维度，但受句子中数量成分"46吨、925公斤、2.4公斤"及"1 220多公顷、2 300多公顷"的影响，从而获得临时的"重量"维度上的"轻—重"的差异。

下面例中的名词并列成分之间在出现的时间先后上形成序列，但各并列项自身却不包含任何时间属性，它们在时间维度上呈现出次序的不同，同样是由语境临时赋予的。如：

（50）每天清晨6点，在准时鸣响的号笛中开始了一天的**生活：战备训练、体能提升、文化学习、后勤工作**……直到夜晚9点半，战士们一天的训练才算结束。

四、单一序列和非单一序列

单一序列是指对序列成员排列起作用的规律是单一的，如以重要性、时间性、显著性等为序列原则等。"上午、中午、晚上"就是一个简单按时间顺序排列的序列。

另一序列类型是非单一序列，顾名思义，就是对序列排列前后顺序起作用的规则不是一个，呈现复合的、多样化的规则。如：

（51）企业家向全国人民恭贺新禧：

　　浙江湖州棉纺厂

　　沈新方

北京银燕环保设备工程有限公司
赵锡新
金杯汽车股份有限公司
张沛雨
上海宝钢工业公司
黄德仁
航星国际自动控制工程有限公司
贾学文
北京市粮食储运贸易总公司
王志刚
青岛第二减速机厂
刘炳全
广东鹤山太平染厂
宋健新
浙江湖州惠丰毛纺有限公司
钱卫民
浙江湖州西澳彩色印刷厂
严旭初
天津静海县中满联营轧钢厂
于广松
珠海经济特区丽珠制药厂
陈孝天
东北轻合金加工厂
贾绍箕
浙江金威(集团)公司
朱培培
浙江宁波如意机械有限公司
储吉旺

苏州圣玛丽婚纱有限公司
郝智勇
上海大众出租汽车股份公司
杨国平
西安电力树脂厂
张嗣兴
邮电部杭州通信设备厂
施继兴
浙江宁波同步带总厂
林鹏飞
浙江宁波敦煌(集团)公司
叶尚川
浙江桐乡濮院羊毛衫市场
莫建林
……

(排名不分先后)(《人民日报》1995年1月31日)

　　让我们来看这份名单。企业家向全国人民拜年,在名单的最后有"排名不分先后"。但事实真的如此吗?我们知道,构成序列一般总是遵循其中某种原则,这个名单是根据同类的原则来排列?恐怕不是,处于浙江的企业有很多,但是却并没有把它们排在一起,而是中间隔开了一些其他地区的企业;根据重要性来排?恐怕也不是,很多上榜企业都是私人企业,也有部分是国企,难道说排在前面的私企比排在后面的国企重要?一种可能是按照时间顺序来排,也就是名单中各个企业向《人民日报》发来贺电的时间,但如果按照时间来排列,最后说明中应该写明按照时间顺序来排,那么就有最后一种可能,就是按照广告费多少来排。这则看起来"排名不分先后"的序列,其实也是有前后的。

也就是说,这里同时包括声明的"排名不分先后"的规则和隐含的"按广告费用为序"和"重要性领先规则",三条规则同时作用。

第三节 小 结

本章对新闻语言指称序列的基本要素、基本属性及基本类型做了梳理。

其中,新闻语言指称序列可以定义为"在新闻语言中,由若干指称性成分按一定维度在线性过程中排列的集合而构成的一种图式。这一图式不断地强烈反映社会意识形态,也不断地重塑社会的意识形态"。其基本特征见下表。

表 2-1 新闻语言指称序列基本特征

基本要素	序列属性		序列类型
	一般属性	新闻语言特有	
成员	集合性	高意识形态性	一般序列与重要序列
维度	线条性		固化序列、半固化序列和非固化序列
关系	方向性	高单向性	显性序列与非显性序列
间距	图式性		单一序列与非单一序列

下面我们将对新闻语言指称序列中重要的、半固化的序列着重加以分析,并试图分析出新闻语言中这些指称序列的深层次的意义。

第三章

争议地名指称序列与外交的主体
——中国新闻语言重要指称序列分析之一

在新闻语言中,对于同一个地名,究竟是称为"独岛"还是"竹岛"或者是"独岛(日本称为'竹岛')"或"竹岛(韩国称为'独岛')",这不仅仅是如何有效坚持新闻语言客观性的问题,也是如何准确而恰当表达新闻立场与话语权力的问题。至于究竟是称为"钓鱼岛"还是"尖阁群岛",或者是"钓鱼岛(日本称'尖阁群岛')"抑或是"尖阁群岛(即我'钓鱼岛')",更是一个如何维护国家利益的问题。

第一节 与中国主权相关的有争议地名序列研究

中国是一个国土面积辽阔的泱泱大国,种种原因使部分领土至今还被某些国家占据着,或者受到某些国家的觊觎,钓鱼岛、南沙群岛、黄岩岛等是其中比较有代表性的例子。

一、"钓鱼岛"[①]与"尖阁群岛"指称分析

1."钓鱼岛"指称及序列类型

我国报道中,涉及钓鱼岛的报道有很多,其中有关"钓鱼岛"

---

① 钓鱼岛及其附属岛屿,日语称为"尖阁诸岛",是位于东海南部、台湾东北部、中国—琉球界沟(俗称"黑水沟")西北侧、琉球冲绳诸岛以西、八重山列岛以北(转下页)

指称问题,新华社有严格的报道规定:钓鱼岛不得称为"尖阁群岛"。搜索《人民日报》1946—2012年间关于钓鱼岛的所有报道,共341条,其中只有11条出现了"尖阁群岛"的指称,剩下全部是"钓鱼岛"。在新闻报道中,只要是我方自己叙述的,均没有出现对方的指称,直接用我方的指称。

(1) 单独出现"钓鱼岛"。

(1) 在回答有关钓鱼岛的问题时,刘为民表示,钓鱼岛及其附属岛屿自古以来就是中国的固有领土。中国渔政船前往中方管辖海域是执行正常公务。中方拒绝日方就中国渔政船进入钓鱼岛附近海域提出的抗议,并对日方船只干扰中方公务船执行公务表示强烈不满。(《人民日报》2012年7月14日)

(2) 在钓鱼岛问题上,日本玩得过于投入,过于自我陶醉了。哪一天玩得太过火了,钓鱼岛问题失控的风险并非绝对不存在。想借钓鱼岛问题获取内政外交资本的日本政客们,做好这种准备了吗?(《人民日报》2012年7月13日)

(2) 出现"钓鱼岛(日方称'尖阁诸岛')"。
在间接引用外媒内容的时候,我方就会将指称序列颠倒,变

(接上页)的岛群,与台湾本岛位处同一大陆架。钓鱼岛及其附属岛屿包括钓鱼岛、黄尾屿、赤尾屿、南小岛、北小岛及其他一些岩礁,总陆地面积约6.344平方公里,约是龟山岛的2.23倍大。中国文献记载钓鱼岛及其附属岛屿是在明朝或更早先发现的。第二次世界大战后,由美国控制。1972年5月15日,美国将琉球群岛主权移交日本时,一并将钓鱼岛及其附属岛屿的行政管辖权也交给日本,但中国方面(中华人民共和国政府及台湾地区行政当局)皆认为钓鱼岛及其附属岛屿依地理、历史和法理均为台湾附属岛屿,因而引发钓鱼岛及其附属岛屿主权问题。中国大陆、台湾地区、香港地区及海外华人民间自20世纪70年代开始,也曾多次登岛或试图登岛以代政府宣示主权,称为"保钓运动"。2010年9月7日发生中国渔船与日本巡逻船钓鱼岛相撞事件后,中华人民共和国政府派遣中国渔政执法船对钓鱼岛海域常态化巡航以宣示主权。钓鱼岛及其周边附属领土是中国的固有领土这是不可争辩的事实。

第三章　争议地名指称序列与外交的主体

为"钓鱼岛(日方称'尖阁诸岛')",如:

(3) 据日本《产经新闻》9 日独家报道,日本陆海空三军去年 11 月 14 日至 18 日曾实施设想"中国占领钓鱼岛"而进行"夺岛作战"的联合演习。据报道,其联合演习假设地区为冲绳近海特定海域和钓鱼岛(日方称"尖阁诸岛")(《人民日报》2012 年 5 月 10 日)

(4) 钓鱼岛自古以来属于中国,但据日本媒体报道,日本文部科学省在审定高中教科书时,要求教科书明确表述钓鱼岛(日本称"尖阁诸岛")、独岛(日本称"竹岛")等属于日本领土。(《人民日报》2006 年 3 月 30 日)

(3) 出现"尖阁诸岛(即中国钓鱼岛及其附属岛屿)"。

在报道中,转述日方报道的时候,严格遵守新闻的客观出处,没有对原有的新闻加以改变,只是在相关的位置加上了我方的观点,在直接引用外媒的内容的时候,我们的钓鱼岛的指称一般变为尖阁诸岛(即中国钓鱼岛及其附属岛屿),如:

(5) 据共同社报道,日本官房长官藤村修 26 日在记者会上透露,海上保安厅已于 23 日依据《国有财产法》将冲绳县尖阁诸岛(即中国钓鱼岛及其附属岛屿)附近 4 个岛屿中的"北小岛"登记为国有财产。(《人民日报》2012 年 3 月 27 日)

(6) 日本广播协会记者:日中关系是中国最重要的双边关系之一,但在东海油气田共同开发问题上,在尖阁诸岛(即中国钓鱼岛及其附属岛屿)问题上,两国的看法都不一样,存在着各种各样的问题。(《人民日报》2011 年 3 月 8 日)

(4)单独出现"尖阁诸岛"。

(7)冲绳县石垣市市长中山义隆此前已向日本政府申请批准登陆钓鱼岛,以实施固定资产税评估等调查。2010年12月,石垣市议会通过了将1月14日定为所谓"尖阁诸岛开拓日"的条例。(《人民日报》2012年1月4日)

在300多条出现"钓鱼岛"及"尖阁诸岛"的新闻中,单独出现"尖阁诸岛"的情况很少,仅作为转述所谓的"尖阁诸岛开拓日"的形式出现。

2."钓鱼岛"指称变化历时分析

第一阶段:"钓鱼岛"的指称1946年出现在关于钓鱼岛报道中,出现的主要是"钓鱼岛"。第二阶段:2000年开始出现"钓鱼岛(日方称'尖阁诸岛')"。第三阶段:从2005—2013年以钓鱼岛为主,在转述的时候会采用"钓鱼岛(日方称'尖阁诸岛')"或者"尖阁诸岛(即中国钓鱼岛及其附属岛屿)"。

"钓鱼岛"问题是中日的历史问题,我们一向采取的是搁置争议的方式,但钓鱼岛及其附属岛屿是中国的固有领土这是不可争辩的事实。在《人民日报》的相关报道中,我们坚决用"钓鱼岛"这个名称来区别日本所谓的"尖阁诸岛",用我方的叫法来显示我国政府对钓鱼岛的实际拥有权。

但同时新闻是客观的,新闻从业者要按照事物的本来面目来反映它,我们在转述其他外媒的相关新闻时要尽量尊重作品本来的面目。但新闻媒介组织总是从属于社会或者某一个集团、党派、阶级,而其本身,又是由一群按照一定方针、宗旨、任务聚集在一起的活生生的人所组成的,因此,必定有着自己的传播意图和目的,并把这一切贯彻到新闻传播过程之中。[①]所以我们在转述的

---

① 黄旦:《新闻传播学》,杭州大学出版社,1995年。

第三章　争议地名指称序列与外交的主体　65

时候,在外媒所说的指称前或后加上我们的名称:钓鱼岛(日方称"尖阁诸岛")或"尖阁诸岛(即中国钓鱼岛及其附属岛屿)"。这样在保证新闻客观性的同时,也表明了我方的立场。

二、"南沙群岛"与"斯普拉特利群岛"指称分析

"南沙群岛"指称类型非常简单,除了 2 次特殊报道以外,剩下所有关于南沙群岛的指称都称作"南沙群岛",如:

> (8) 中国外长杨洁篪与会期间在阐述中方对南海问题的立场时表示,中国对南沙群岛及其附近海域的主权有着充分的历史和法理依据。同时,考虑到南海问题的复杂性,中方一直主张"搁置争议,共同开发"。(《人民日报》2012 年 7 月 14 日)
>
> (9) 新华社北京 6 月 21 日电　民政部网站 21 日刊登《民政部关于国务院批准设立地级三沙市的公告》。国务院于近日批准,撤销海南省西沙群岛、南沙群岛、中沙群岛办事处,设立地级三沙市,管辖西沙群岛、中沙群岛、南沙群岛的岛礁及其海域。三沙市人民政府驻西沙永兴岛。(《人民日报》2012 年 6 月 22 日)
>
> (10) 西沙群岛和南威岛正如整个南沙群岛及中沙群岛、东沙群岛一样,向为中国领土,在日本帝国主义发动侵略战争时虽曾一度沦陷,但日本投降后已为当时中国政府全部接收。(《人民日报》1951 年 8 月 16 日)

剩下的 2 次特殊报道,一次是 1979 年 4 月 3 日,《越苏勾结蓄意反华的自供状　评黄松早在抗美战争结束后的一次反华叫嚣》的文章中,引用越南中央委员会委员的原话时出现了所谓"斯普拉特利群岛"的指称类型:

(11) 在边界问题上,总编辑(总编辑是越南中央委员会委员)说:首先是关于南中国海的岛屿的争论,即帕拉塞尔群岛和斯普拉特利群岛。我们完全控制了其中的大多数岛屿,但未控制帕拉塞尔群岛和斯普拉特利群岛的一两个岛屿。

但在下文,我们评论的语言中,将斯普拉特利改成了"南沙群岛":

(12) 黄松谈话提出了两条答案。第一,越南方面不但对南中国海的西沙群岛、南沙群岛这些一向属于中国的领土提出了要求,而且对早已由中国清朝政府和法国政府签约划定的陆地边界,以"过于陈旧和过于繁琐"为由,公然提出了疑问。

还有一次,就是最近的 2012 年 5 月 9 日的报道,《菲媒:黄岩岛属于中国(外论摘要)》,这个是直接的外论摘要,因此,出现了斯普拉特利的指称:

(13) 直到上世纪 90 年代,所有菲律宾官方发行的地图都没把斯普拉特利群岛(即我南沙群岛——本报注)和斯卡伯勒礁包括在菲律宾的领土范围之内。1961 年我们自己的议会批准通过的共和国第 3046 号法令阻止我们对上述岛屿的拥有。

这次,是唯一的一次以序列的形式提出所谓"斯普拉特利群岛"的指称,这充分显示了我方政府对南沙群岛问题上的自信与大度。这是我们新闻报道上的进步。

三、有关"黄岩岛"①指称分析

黄岩岛是我国领土不可分割的一部分,在宋朝时就已被纳入我国版图。《人民日报》对"黄岩岛"的指称在 2012 年之前全部是"黄岩岛",2012 年开始,对其出现了"斯卡伯勒礁"的指称形式,如:

> (14) 在这次科学考察中,他们还考察了位于中沙群岛以东偏南海区的我国领土黄岩岛。黄岩岛是个略呈三角形的珊瑚环礁,附近盛产金口蝾螺和小马蹄螺,还有梅花参、海胆、石斑鱼等经济动物。科研人员们获得了有关黄岩岛的重力、磁力、地质、水文、气象、生物等许多第一手资料。(《人民日报》1977 年 12 月 29 日)

> (15) 沈国放指出,黄岩岛历来是中国的固有领土,其法律地位早已确定。根据《联合国海洋法公约》(以下简称《公约》)第一百二十一条,黄岩岛是"四面环水并在高潮时高于水面的自然形成的陆地区域",并不是终年不能露出水面的沙洲或暗礁。历史上中国许多文献都有中国对该岛享有主权的记载。中国政府曾三次正式公布对该岛的命名或更改

---

① 黄岩岛,欧美称"斯卡伯勒浅滩"(Scarborough Shoal),菲律宾方面称"帕纳塔格礁"(Panatag Shoal),该岛位于北纬 15°07′,东经 117°51′,距海南岛约 500 海里,距西沙群岛约 340 海里,距中沙环礁约 160 海里,距菲律宾苏比克港约 100 海里。为海盆中的海山上覆珊瑚礁而成,是中国南海中沙群岛中唯一露出水面的岛礁,与菲律宾群岛有马尼拉海沟相隔。宋朝时期黄岩岛已被我国列入版图。根据《元史》记载,1279 年中国科学家郭守敬进行四海测验时的测量点为该岛。中国明朝将中沙群岛、南沙群岛统称为万里长沙,清朝时称千里石塘,中国潭门镇渔民在该海域捕鱼历史悠久,《更路薄》就记录了南海渔民的功业。菲律宾自 1997 年开始宣称对黄岩岛拥有主权,虽然历史上菲律宾从未将黄岩岛纳入领土范围内。目前,由中华人民共和国实际控制,行政区划里黄岩岛隶属海南省三沙市。

名称,这些都是对该岛行使有效管辖的国家行为。(《人民日报》1997年5月23日)

在2012年的《人民日报》中,该指称出现了变化,不再是唯一的"黄岩岛",而是出现了"斯卡伯勒礁(即我黄岩岛)"或者"斯卡伯勒礁"的指称方式:

(16)斯卡伯勒礁(即我黄岩岛——本报注)确实属于中国,早在元朝1279年中国就已发现并在地图上对其进行了标注。中国大陆和台湾的渔民从那时起就在这里活动。实际上,当时在元朝统治者忽必烈手下工作的天文学家、工程师兼数学家郭守敬对南海进行了测绘,测绘点就是作为中沙群岛一部分的斯卡伯勒礁。(《人民日报》2012年5月9日)

(17)在1946年,菲律宾从美国殖民地那里宣布独立时,我们确切的领土应该是什么?为什么1899、1935、1943、1973、1986和1987年的我国历次宪法都没有将南沙群岛和斯卡伯勒礁包括在领土中呢?我们突然从何处、从谁那里一下子就得到了这些岛屿?难道这是凭空得到的?(《人民日报》2012年5月9日)

(18)直到上世纪90年代,所有菲律宾官方发行的地图都没把斯普拉特利群岛(即我南沙群岛——本报注)和斯卡伯勒礁包括在菲律宾的领土范围之内。1961年我们自己的议会批准通过的共和国第3046号法令阻止我们对上述岛屿的拥有。(《人民日报》2012年5月9日)

以上3段都出自同一篇新闻,摘自菲律宾的媒体,并对其进行评论。在此篇新闻的第一段,出现了"斯卡伯勒礁(即我黄岩岛——本报注)"的指称形式,但在下几段中,可能出于省略原则,直接将"黄岩岛"写成了"斯卡伯勒礁",笔者认为这样不妥。在新闻中,尤其涉及主权问题的时候,不应该采用省略的原则,要注明我方的指称。

(19)据菲律宾 ABS-CBN 新闻网 9 日报道,菲律宾总统府发言人陈显达表示,菲律宾并没有做出激化"斯卡伯勒礁"(即我黄岩岛)事件的事情,菲律宾希望探讨解决问题的所有外交途径。陈显达是针对中国外交部副部长傅莹 7 日对菲律宾"不断采取使事态扩大化、复杂化的行动"的指责作出的回应。(《人民日报》2012 年 5 月 10 日)

第二天,《人民日报》又引用菲方新闻,其中将"黄岩岛"的指称按照新闻的出处,写成了"斯卡伯勒礁(即我黄岩岛)"的方式,这表明我们的新闻报道朝着更客观、更大度的方向发展着。

四、"中国南海"与"南中国海"指称分析

近代有人从英语"South China Sea"译为南中国海、中国南海,并成为该地区在国际上的通用名称。但我们从语言学的角度来分析,"南中国海"和"中国南海"虽然只是词序的不同,但其内涵完全不同。"中国南海"表明中国的南海,其主权的归属属于中国;"南中国海"其表述的内涵只是地理方位上中国以外的南海。一字顺序之差,涵义谬之千里。在这个问题上,很难了解汉语精妙的外国翻译家,确实在用这颠倒一字之序的语法,刨着中国海疆的"墙角"。

1."南中国海"和"中国南海"指称出现类型

(1)作为机构名称出现。

(20)中国南海研究院海洋科学研究所副所长刘锋日前撰文称,作为落实《宣言》的一部分,"准则"探讨的只是冲突管控机制,而并非某些国家所臆想的争端解决机制。南海争端最终妥善解决,还有赖于中国与有关当事国的双边外交谈判。(《人民日报》2012年7月10日)

(21) 中国南海研究院院长吴士存第一个在会上发言,他指出,2002年中国和东盟国家签署的《南海各方行为宣言》是地区长期和平与稳定的政治基础,使南海地区至少在2009年之前保持了平静,但此后南海主权争议出现升级。他强调,当前南海局势总体上是稳定的,尽管存在一些加剧南海问题的噪音和事件,但事件都在可控范围,而且责任不在中国。(《人民日报》2012年6月29日)

(2) 作为中国领土主权不可分割的一部分出现"中国南海"。

(22) 菲律宾海岸巡逻队同中国渔政船在中国南海黄岩岛的对峙仍未结束。然而,菲律宾官方26日继续发表一些不利于冲突解决的言论。据《菲律宾每日问询者报》网站当天报道,尽管中国一再警告菲律宾不要将黄岩岛问题"国际化",然而菲律宾外长德尔罗萨里奥26日却表示,将在下周举行的菲高层对话会上寻求美国的军事帮助。(《人民日报》2012年4月27日)

(23) 日媒报道称,日美两国政府23日开始商讨日本自卫队和驻日美军共同使用菲律宾的训练设施一事。目前巴拉望岛的菲律宾海、空军基地是主要候选地,菲律宾军队在吕宋岛的基地也作为候选基地。这两个岛屿都临近中国南海。(《人民日报》2012年4月27日)

(3) 作为中国领土管辖范围之外的南部海域,称之为"南中国海"。

第三章 争议地名指称序列与外交的主体

(24)《华尔街日报》称,帕内塔在安抚盟友的同时,也在向中国发出明确信息,中国军力的增强以及在南中国海表现出的咄咄逼人态势已让美国及其地区盟友感到不安。帕内塔希望中国在先进武器研发方面"更加透明",对可能威胁到美军在太平洋等地战舰的反舰导弹尤为关注。(《人民日报》2011年10月26日)

(25)印度国防部8日发表声明称,参加此次演习的4艘军舰均隶属于印度东部海军司令部,其管辖权包括孟加拉湾及印度洋的很大一部分海域。声明说,自今年5月底起,这4艘军舰将在南中国海和西北太平洋海域执行为期两个月的持续部署任务,其间将与所经区域多国海军开展友好交流活动。(《人民日报》2012年6月10日)

(26)南沙群岛在南中国海中的菲律宾和印度支那半岛之间。美国在南沙群岛建立空军基地,除了可以用来掩护它在菲律宾的军事基地的侧翼以外,还可以用来威胁中国的南部和印度支那各国。这是美国在亚洲构筑的军事基地网中的又一个环节。(《人民日报》1957年5月23日)

上面这段新闻初看觉得将南沙群岛定位在南中国海区域内,但细看后面的内容是将菲律宾和印度支那半岛定位在"南中国海"区域内,非常准确。

但是非常遗憾地看到,国内有很多作者没有搞明白"中国南海"和"南中国海"的具体区别,甚至是本该语言准确、规范的《人民日报》等,在此问题上都存在用法混乱的现象。

错误1 本属于中国领土范围内的地名,错用成"南中国海"。

(27)1987年联合国教科文组织海洋委员会决定在南中国海的南沙群岛建立第74号海洋观测站,并将建站任务交给中国。1988年2月5日,南沙群岛第一座飘扬着五星红旗的哨所阵地——永暑礁竹棚式高脚屋诞生了。(《人民日报》2010年8月6日)

南沙群岛历来是我国和菲律宾关于领土主权争夺的主要岛屿,南沙群岛主权属于我国是不容置疑的。但在这段新闻中,将南沙群岛的位置定位为"南中国海",指称错误。

(28) 在蔚蓝色的南中国海,美丽的香港依偎着祖国母亲。(《人民日报》2012年7月2日)

这里的"南中国海"的指称完全错误。香港是我国不可分割的一部分,香港的地理位置应该处于中国南海,将"中国南海"写成"南中国海",完全错误,遗憾的是编辑同样没有看出问题所在。

如果说,上一个例子里将香港的位置描绘成"南中国海"是为了配合英文翻译的洋气效果的话,那么接下来这个例子就纯粹是"东施效颦":

(29) 正月里,踏上北大荒尚未解冻的黑土地,迎着南中国海吹来的早春暖风,农业部123名机关干部和农技人员围绕"宣传政策、了解农情、推动春耕、锻炼干部"四个主题,深入全国27个省份,开始了为期1个月的"百乡万户调查"活动。(《人民日报》2012年3月25日)

这篇新闻通讯,记者的本意是想写中国幅员辽阔,南北气候差异大,但是农业部开展的"百乡万户调查"的活动是断不能跑到中国版图之外的,所以此处的"南中国海"肯定为"中国南海"。

第三章 争议地名指称序列与外交的主体

错误 2　不属于中国领土范围,错用成"中国南海"。

(30) 马来亚是位于中国南海的一个大半岛,面积十三万六千平方公里,人口六百万,其中华侨人口达二百七十万,几占马来亚全部人口的一半。这个简单的事实,说明了华侨在马来亚经济生活中的重要性。但是,居留在马来亚的勤劳的中国侨胞们,今天却处在英国殖民当局的残酷压榨与疯狂的迫害之下。(《人民日报》1950 年 10 月 10 日)

"马来亚"处于马来西亚的核心地区,是西马来西亚的旧称。属于马来西亚。马来西亚不属于中国,其地址位置应该在南中国海域。这篇新闻中却把"马来亚"的地理位置定位为"中国南海",显然是有欠斟酌。

(31) 2 日美国在台湾"秘密"试验了"斗牛士式"导弹的发射,1 日还在朝鲜停战线南侧,演习了原子大炮,同时,东南亚组织的联合舰队,也从 1 日开始,驶往中国南海举行为期两周的演习。(《人民日报》1958 年 5 月 3 日)

一般国际上的联合军演是不会在第三方主权国家领土内进行的,如果要对第三方国家起威慑作用,会在这个国家的附近领域进行军演。美国和东南亚等国组成的联合军演,应该在南中国海这片有争议的地区举行,而不是在中国南海进行,这样就侵犯了我主权,是不能被允许的。

错误 3　用法不准确,引起歧义。

(32) 南中国海深处,代表我国海上石油开采最高水平的首座 3 000 米深水半潜式钻井平台"海洋石油 981"即将开钻,这让他兴奋不已:在海上石油钻井平台上干了 20 多年,这一天终于来到了!

郝振山长年作业的南中国海,是全球台风灾害最多、作业环境最为恶劣的海域之一,"战天斗地、与海共舞"是郝振山挂在嘴边的一句话。(《人民日报》2012 年 5 月 4 日)

这两段是《人民日报》2012 年 5 月 4 日的一篇通讯文章,里面讲述的是中海油服钻井事业部湛江作业公司副经理"海上铁人"郝振山的光荣事迹。我们知道中海油田服务股份有限公司的业务遍及全球,那么郝振山的感人事迹是发生在中国南海呢还是在南中国海上?笔者找遍全篇也没有发现明显的地标限制,所以读者在读此文章的时候,会产生歧义。

(33) 本报北京 3 月 10 日电 (记者魏贺)10 日上午,全国政协委员、中国国家海洋局局长孙志辉在接受记者采访时透露,中国自行设计、拥有自主知识产权的世界首个 7 000 米载人潜水器,已于 2009 年在南中国海成功进行了 20 次下潜,最大下潜深度达 1 109 米。(《人民日报》2010 年 3 月 11 日)

这段新闻是出现在《人民日报》2010 年 3 月 11 日的新闻快讯,里面国家官员很兴奋地向记者透露了中国自行设计、拥有自主知识产权的世界首个 7 000 米载人潜水器成功试水,地点是在"南中国海"。

20 世纪末,国际海底区域竞争形势越来越激烈,拥有深潜能力的潜水器已经不仅仅是显示科技领域上的进步,更能在军事领域上傲视绝大多数国家。那么试水的地点新闻中给出的是"南中国海",这不禁让读者遐想:南中国海,不属于中国的领土,在此地试水,难道中国对"南海问题"不再采取容忍态度?难道中国要向周边国家乃至美国示威?在查阅了同时期的其他新闻之后才知道"南中国海"其实是"中国南海"。一字之差,给人造成误解很大。

第二节 与中国主权无关的有争议地名序列问题研究

一、"北方四岛"与"南千岛群岛"[①]指称分析

1. "南千岛群岛"与"北方四岛"指称和序列类型

搜索《人民日报》从1946—2012年,出现南千岛群岛或者北方四岛的文章共有672条。里面涉及南千岛群岛和北方四岛的提法有以下几种:

(1) 单独出现"北方四岛"。

(34) 多年来,日本一直声称"北方四岛"是"日本的固有领土"。(《人民日报》2010年11月2日)

日本外务省28日宣布,决定中止2008年度对北方四岛的人道主义援助。其原因是,日方官员计划乘船前往北方四岛中的国后岛,向当地俄罗斯居民提供医疗物资援助,俄方要求日方官员提交出入境登记卡共265次。(《人民日报》2009年1月30日)

[①] 千岛群岛位于俄罗斯堪察加半岛与日本北海道之间,包括大小30多个岛屿。其中南部的国后、择捉、齿舞、色丹四个岛屿,俄罗斯称其为南千岛群岛,日本称其为北方四岛。

(2) 单独出现"南千岛群岛"。

　　(35) 俄罗斯的亚太外交极为活跃。11月,梅德韦杰夫总统登上与日本有争议的南千岛群岛,这是俄罗斯/苏联领导人首次登上俄日争议领土。(《人民日报》2010年12月29日)

　　南千岛群岛归属问题是长期影响俄日关系发展的主要障碍。(《人民日报》1999年1月7日)

(3) 出现"北方四岛(俄方称南千岛群岛)"。

　　(36) 12月4日,日本外相前原诚司乘坐海上保安厅飞机从空中视察日本同俄罗斯存有归属争议的北方四岛(俄方称南千岛群岛)。(《人民日报》2010年12月4日)

　　俄日关系目前仍处于寻求突破的时期,其中北方四岛(俄方称南千岛群岛)的归属问题是阻碍两国关系突破的最大障碍。(《人民日报》2008年4月29日)

(4) 出现"南千岛群岛(日本称北方四岛)"。

　　(37) 南千岛群岛(日本称北方四岛)是俄罗斯的领土,俄不会放弃这些岛屿。他同时表示,考虑到历史因素,俄方将同日方在南千岛群岛联合实施一些经济项目。(《人民日报》2010年12月26日)

　　(38) 正在挪威首都奥斯陆访问的俄外长拉夫罗夫2日在记者会上说,他当天同梅德韦杰夫总统进行了电话交谈,讨论了加快改善南千岛群岛(日本称北方四岛)社会经济状况的问题。(《人民日报》2010年11月3日)

(5) 出现"日本领土北方四岛"。

(39) 塔斯社评论员在重申苏联坚持并吞日本领土北方四岛的蛮横立场的同时,攻击日本纪念"北方领土日"活动。(《人民日报》1982年2月5日)

(6) 出现"苏联之南千岛群岛"或"苏联领土南千岛群岛"。

(40) 日本应保持千岛群岛,至少划归苏联之南千岛群岛及色列群岛必须仍属于日本。(《人民日报》1948年7月13日)

(41) 抗议书指出,岸信介政府在最近出版的地图里把苏联领土南千岛群岛划入日本北海道行政区域,还在国家预算中拨出款项资助要求"收复"苏联领土库页岛南半部和千岛群岛的运动,这是企图在日苏两国间制造纠纷的阴谋。(《人民日报》1959年5月12日)

从出现频率看,单独出现"北方四岛"指称的频率最高,有275次;其次是单独出现"南千岛群岛"的频率为69次;出现"南千岛群岛(日本称北方四岛)"共46次;出现"北方四岛(俄方称南千岛群岛)"共39次;出现"日本领土北方四岛"2次;出现"苏联之南千岛群岛"或"苏联领土南千岛群岛"各1次。

通过上面语料的调查,我们可以大致排出这样的前后顺序:"北方四岛">"南千岛群岛">"南千岛群岛(日本称北方四岛)">"北方四岛(俄方称南千岛群岛)"。

在相关报道中,我们还是能根据报道的出处,以及前后对应的原则来客观、公平地安排有关"北方四岛""南千岛群岛"的指称序列的。但在语料搜集过程中,笔者也发现,并非所有的报道都严格地遵循规律,也出现了前后不一致的现象,如:

(42) 俄罗斯外交部长伊万诺夫 13 日说,俄罗斯对北方四岛的立场没有改变……俄罗斯没有同日本就北方四岛归属问题做过交易。(《人民日报》2002 年 3 月 15 日)

这是《人民日报》2002 年 3 月 15 日的一篇评论,题目是《俄重申对北方四岛立场不变》,根据我们前面的分析,这个题目本身就有倾向性,这篇报道是以俄方为主的,所以,从对等原则上来看,至少要把"北方四岛"改为"南千岛群岛"才符合报道主体的身份。

2. "南千岛群岛""北方四岛"指称、序列历时分析

通过对《人民日报》关于"南千岛群岛"和"北方四岛"的指称搜集和分析,我们可以看到从 1948 年到 2012 年指称的变化。总体上我们可以分为四个阶段:

南千岛群岛(1948—1971 年);

日本北方四岛(1972—1984 年);

北方四岛(1985—1991 年);

北方四岛(南千岛群岛)或南千岛群岛(北方四岛)(1992—2012 年)。

回顾中俄关系,我们发现中俄关系基本也能分为四个阶段。第一阶段是从新中国成立到 20 世纪 60 年代左右。1949 年新中国刚刚成立,各方面都依靠苏联,苏联也向中国提供了大量的物资支持,此阶段可称为蜜月期。在这个阶段,《人民日报》对其和日本有争议的地区直接指称为"南千岛群岛"或者"苏联领土南千岛群岛"。60 年代中苏关系急剧恶化,援助也大大减少直至终止。而 70 年代后期起中国与日本走得很近,因此官方媒体支持日本要求北方四岛的运动。我们发现,此时的《人民日报》关于此的指称已经全部改为"日本北方四岛"或"北方四岛"。1992 年,随着苏联的解体,中俄关系恢复,双方签署了一系列的双边睦邻友好条约,此时《人民日报》的指称开始变得客观。

由此我们得出结论,官方媒体对一个有争议地区指称的采用,是随着其内政方针的变化而变化的,无一不体现着一个国家的外交意志。

二、"独岛"与"竹岛"[①]指称分析

1. "独岛"与"竹岛"指称和序列类型

搜索《人民日报》从 1946—2012 年,出现独岛或者独岛的文章共有 130 条。里面涉及独岛和竹岛的提法有以下几种:

(1) 单独出现"独岛",如:

(43) 盐崎恭久表示,日本理解韩国总统卢武铉 4 月 21 日就独岛问题发表特别谈话中所表达的韩国国民的心情。日本希望日韩两国在独岛问题上彼此冷静处理。(《人民日报》2006 年 5 月 3 日)

(44) 日本文部科学省 30 日公布了明年春季起使用的初中教科书的检定结果。包括地图上的标记在内,社会科公民课的全部 7 册教科书均把中国的钓鱼岛以及韩国主张拥有主权的独岛作为日本领土。(《人民日报》2011 年 3 月 31 日)

(2) 单独出现"竹岛",如:

(45) 日本外务省虽未明确透露有关竹岛问题的内容,但有分析认为,双方各自主张对竹岛拥有主权,并未达成共识。(《人民日报》2011 年 9 月 26 日)

(46) 领土问题即日本所称的"竹岛"、韩国所称的"独岛"问题。今年 3 月,韩国反对日本将"竹岛"写进中学教科书。

---

① 日本所称的竹岛(Takeshima),韩国称为独岛(Dokdo 或 Tokdo)。

日本后又抗议韩国内阁成员接连访问"竹岛"。8月,3名日本国会议员欲前往可眺望"竹岛"的郁陵岛遭到拒绝,一度滞留韩国机场。日韩关系急剧降温。(《人民日报》2011年10月20日)

(3) 出现"独岛(日本称竹岛)",如:

(47) 韩外交通商部表示,韩国社会各界连日来对该协定表示强烈反对,认为日本政府在没有对慰安妇等历史问题和独岛(日本称竹岛)问题改变立场的情况下,不宜签署该协定,并且这一协定也将不利于朝鲜半岛局势。(《人民日报》2012年7月2日)

(48) 韩国外交通商部和国防部2日分别对日本发表的2011年版《防卫白皮书》表示强烈抗议,并要求日本对白皮书中将独岛(日本称竹岛)描述为日本领土的内容进行纠正。(《人民日报》2011年8月3日)

(4) 出现"竹岛(韩国称独岛)",如:

(49) 日本外务省近日要求韩国取消于11日在竹岛(韩国称独岛)举行音乐会的计划。外务省官员9日向自民党的领土问题特命委员会进行了说明,称"已向韩国外交通商部告知了日本在竹岛问题上的立场并要求取消音乐会"。(《人民日报》2011年11月10日)

(50) 据共同社报道,韩国国会"独岛领土守护对策特别委员会"中来自最大在野党民主党的3名议员,24日下午访问了北方四岛(俄罗斯称南千岛群岛)中的国后岛。该委员会在日韩之间存在领土之争的竹岛(韩国称独岛)问题上一

第三章　争议地名指称序列与外交的主体

贯主张韩国拥有其主权。这是韩国国会议员首次访问北方四岛。(《人民日报》2011年5月25日)

从出现频率看,单独出现"独岛"指称的频率最高,有217次;其次是出现"独岛(日本称竹岛)"的频率为83次;第三是出现"竹岛(韩国称独岛)"的频率为43次;单独出现"竹岛"频率最低为39次。

通过上面语料的调查,我们可以大致排出这样的前后顺序:

"独岛">"独岛(日本称竹岛)">"竹岛(韩国称独岛)">"竹岛"

2. "独岛""竹岛"指称序列历时分析

通过对《人民日报》关于"独岛"和"竹岛"的指称搜集整理和分析,我们可以看到从1948年到2012年指称的变化。总体上我们可以分为三个阶段,我们用时间轴来标示:

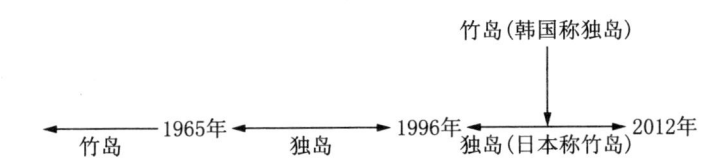

```
                           竹岛(韩国称独岛)
                                 ↓
←——1965年——←——————→——1996年——→——————→2012年
   竹岛          独岛          独岛(日本称竹岛)
```

从上面图示中我们可以看出,在1965年之前,我国对其指称都为竹岛,如:

(51)最近又散布这样的论调说,因为日本没有军队,连韩国也来侵略我们。日本的领土竹岛被它占去,又划了什么李承晚线,日本渔民被韩军抓去。竹岛几千年来是日本的领土,韩国占了去,甚至还发行了邮票。(《人民日报》1955年12月3日)

(52)日本方面还要南朝鲜同意缔结渔业协定,以取消

"李承晚海线",并坚持对竹岛的主权要求。(《人民日报》1964年3月27日)

第二阶段是从1965年到1996年,其间所有的指称均改为"独岛"。

(53) 决议说,"朴正熙集团在'韩日会谈'中出卖了南朝鲜一百万渔民的生命线——传统的民族渔场和领海,甚至企图把我们祖国神圣的领土独岛也交给日本军国主义者。朴正熙集团草签的所谓'基本条约',就是乙巳亡国条约的再版"。(《人民日报》1965年5月23日)

翻看1965年的《人民日报》,我们发现在"独岛"指称问题上,有些反复,时而称其为"独岛",时而称其为"竹岛",甚至是同一个人的讲话,在不同的日期发表,其指称也不一样,如:

(54) 不仅如此,朴正熙集团还抛弃了对日本帝国主义败退时从朝鲜掠夺去的大量船只的赔偿请求权,并企图把我们的神圣领土——竹岛交给日本帝国主义。(《人民日报》1965年4月6日)

(55) 朴正熙集团为了在今后继续推进"韩日会谈",并满足自己的私欲,竟企图以几亿美元把朝鲜人民要求日本军国主义对其所犯罪行给予赔偿的巨大权利出卖掉。不仅如此,还把南朝鲜的渔场和旅日朝鲜公民的民主民族权利也出卖掉。甚至连我国的神圣领土独岛也出卖给日本。(《人民日报》1965年3月2日)

1996年以来,《人民日报》对日韩有争议的"独岛"的指称开始重视上下文语境的对应,以及新闻主体的对应,而变成了独岛(日本称竹岛)或竹岛(韩国称独岛)。

(56) 日本和韩国关于新渔业协定的谈判 25 日凌晨在东京的首相官邸达成协议,双方同意在有争议的竹岛(韩国称独岛)周围设立暂定水域实施共同管理。谈判取得进展为改善日韩关系和韩国总统金大中即将访日排除了一大障碍。(《人民日报》1998 年 9 月 26 日)

(57) 韩国政府对日本政府审查通过歪曲历史的教科书深表遗憾。他说,据日本媒体报道,日本文部科学省在审定扶桑社出版的历史教科书时,将原稿中的独岛(日本称竹岛)是日韩两国间的"有争端领土"改为独岛是"日本领土"。(《人民日报》2005 年 4 月 7 日)

三、"马岛"与"福克兰群岛"[①]指称分析

《人民日报》中,涉及马岛和福克兰群岛的报道共有 634 条,但出现的指称类型高度统一,几乎全部是马岛(英国称福克兰群岛),如:

(58) 英国媒体近日报道,英国皇家海军计划在今年 4 月向马尔维纳斯群岛(以下简称马岛,英国称福克兰群岛)派遣一艘攻击型核潜艇。英国国防部发言人拒绝就此作任何评论,而这一消息的披露,使英国和阿根廷两国几周来在马岛争端上出现的紧张气氛愈加升级。(《人民日报》2010 年 11 月 29 日)

---

① 福克兰群岛系英国所使用的称呼;马尔维纳斯群岛系阿根廷所使用的称呼,简称"马岛"。

但并不是全部涉及马岛的报道中都是以统一的"马岛(英国称福克兰群岛)"指称出现的,马岛(英国称福克兰群岛)指称首次出现在1979年11月20日的报纸上:

(59)英国外交部十一月十六日宣布,英国和阿根廷决定恢复外交关系。两国外交关系是一九七六年一月因两国对马尔维纳斯群岛(英国称福克兰群岛)主权有争执因而中断的。这个群岛位于阿根廷南部海岸外,目前由英国控制。(《人民日报》1979年11月20日)

自此以后,《人民日报》关于此报道才全部改为马岛(英国称福克兰群岛),在1979年之前,报道还是福克兰群岛。

(60)在这天会议上,还有西班牙代表提出了英国占领直布罗陀的问题。阿根廷和智利代表指责英国占领福克兰群岛。印度尼西亚和印度代表也在会上对荷兰继续占领西伊里安提出抗议。(《人民日报》1957年1月17日)

第三节 争议地名指称序列变革的思考

涉外报道中有争议地名的指称,不仅意味着一个客观新闻事件的叙述过程,同时也意味着一个国家利益的博弈过程,争议地名指称序列的变革,充分体现了外交的主体化意识发育过程。

在新闻语言中,对于一个国家间有争议地区的地名,究竟是称为"独岛""竹岛""独岛(日本称竹岛)"或"竹岛(韩国称独岛)",这不仅仅是如何有效地坚持新闻语言客观性的问题,也是如何准确而恰当地表达新闻立场与话语权力的问题,更是一个如何维护

第三章 争议地名指称序列与外交的主体

国家利益和国家形象的问题。

既然中国新闻语言中有争议地名指称序列的变化,是与我国主权有关的地名指称序列的变化有关,是我们外交主体化意思发育进程的一种重要标记,那么,其中就必然反映出一系列的有待解决的问题。

其中包括:

——在报道与我有关的有争议地名时,忽视国家利益。

——在报道与我无关的有争议地名时,忽视新闻客观要求。

——在报道有争议地名时,忽视言语行为中的基本规律。

具体而言,我们的新闻语言中主要有以下三个问题:

问题一:在涉及我们国家主权问题时,不注意必须坚持只使用我们的指称形式。除非是直接引语,可采用"对方指称形式+(即我方'×××')"的形式;即使是间接引语,也不宜使用"我方指称形式+(对方称为'×××')"的形式,由此,例(3)"据日本《产经新闻》9日独家报道,日本陆海空三军去年11月14日至18日曾实施设想'中国占领钓鱼岛'而进行'夺岛作战'的联合演习。据报道,其联合演习假设地区为冲绳近海特定海域和钓鱼岛(日方称'尖阁诸岛')"中的"钓鱼岛(日方称'尖阁诸岛')"是不合适的。

在指称序列运用及与之对应的词语搭配里面,有政治观、利益观、价值观,还有情感和态度等。在涉及国家统一、领土完整等国家和民族核心利益方面的指称及序列,包括与之相对应的指称及词语运用上,应做到清晰、固化、稳定。

领土完整是国家最高核心利益。钓鱼岛问题事涉国家主权问题,不可采用日方"尖阁群岛"的指称。利益相关方在指称应用的"坚守态度",是一种对主权的宣誓,在有界分的地方,使用哪一方构建的指称,无声地体现了对争议地方主权的认同,决不可随意,稍有疏失,甚至会酿成历史性的错误。

问题二:在我们并非当事国时,不注意对于我们国家利益的可能影响。如:

(61)日本确立了通过争夺岛屿以扩大海洋领土的国家战略,开始加紧与中国抢夺钓鱼岛,与韩国争夺独岛(日称"竹岛"),与俄罗斯在北方四岛(俄称为南千岛群岛)上施力较劲。(《人民日报》2005年2月23日)

这是一篇社评,文中谴责了日本妄图扩张领土的野心。其中钓鱼岛、独岛和俄罗斯的南千岛群岛都是日本企图的目标。在"独岛(日称'竹岛')"这个指称序列中,根据"序列中重要性领先"原则,记者倾向于韩方的立场;但是在"北方四岛(俄称为南千岛群岛)"的指称序列上,记者似乎又站倾向于日本的立场,将"北方四岛"放在了显著的位置上。其实,在这篇报道中,我们大可以将"北方四岛(俄称为南千岛群岛)"的序列改为"南千岛群岛(日称为北方四岛)",在报道的细微之处显示我方的政治立场,从而达到传递信息、制衡对方的效果。

问题三:在台湾问题上错误排序。

台湾问题涉及国家实现统一的最高核心利益。台湾是中国不可分割的一部分。现在尚未统一,不仅两岸民众需要强化"一个中国"的意识,而且不能给国际"好事者"以口实,新闻报道在指称序列的对应和应用上更要特别细致。

首先,在报道国际活动或罗列全球经济体时,若包括中国大陆和台湾在内,应统称"国家和地区",防止"国家"指称范畴涵盖台湾,导致错误。2005年11月18日北京某报刊登《给APEC裁件多元化外套》中,多次将亚太经合组织各成员"领导人"称为"各国领导人";2011年8月14日大陆新闻媒体所报道中国羽毛球队总教练李永波对刚结束的世界锦标赛决赛进行的评点,直接引语出现"今年有4项是对外国选手,选手分别对马来西亚、韩国、英国、中华台北的选手"。显然,这样的指称是完全错误的。

其次,在新闻报道中表述中国省级行政区域时,如用"31"这个数字时,应明确标示为"大陆地区"或注明"不含港澳台",避免"中国"指称限定在"31个省区市"之内,而将属于与省区市并列序列的"台湾"遗漏在外。

第三,新闻报道中将"中国"与"台湾"并提,这样的序列所形成的语境会构成指称并列关系。"世界上只有一个中国,大陆与台湾都同属于中国",体现了利用指称等级来体现"一个中国原则"的政治智慧。因此,并提时只能称"大陆"和"台湾"。"台湾"与"大陆"应是一个稳定的指称序列。同理,"香港、澳门"与"内地"也是一个稳定的指称序列,不可混淆。新闻报道中不能将台湾、香港、澳门与中国作为并列序列做表达,应使用"内地与香港""大陆与台湾"。

至于大陆(内地)省份与港澳台,构成了并列指称序列,在报道中可以使用"京港""沪港""闽台"等表达。但是我们发现,在报道中常会出现毛病,比如"港澳台游客来华旅游",这就是犯了港澳台与中国指称并列成一个序列的错误。

第四,台湾与国家对位的指称序列在新闻报道中不能采用,以防止造成指称承认引发的误读和曲解。

对争议地名指标序列变革,我们要坚持如下几条原则。

一是坚持国家利益原则。对于有争议地名的指称,在我们是当事国时,应有自觉捍卫国家主权的意识;在我们并非当事国时,也应该注意对于我们国家利益的可能影响。

二是坚持新闻客观原则。如果说"言语即行为",那么也许可以说"指称即存在",对于一个有争议地名的,采用某一方的指称形式就意味着承认那一方的立场为事实,采用"竹岛"还是"独岛"指称形式所呈现的"新闻事实"是相当不一样的;当同时采用两种指称形式时,如果没有其他条件的制约,则意味着其中领先的形式具有相对重要的客观性,"竹岛(韩国称独岛)"和"独岛(日本称竹岛)"出现的"新闻事实"也是有差别的。对于有争议地名的指称,必须坚持以新闻事实为依据。

三是坚持语用有序原则。这又可分为三条原则,第一条是坚持原叙转述分别次原则。对于有争议地名的指称,应清晰地意识到记者的语言(原述)和所报道的当事人话语的区别:凡是原叙性话语,都直接显示记者的立场;凡是转叙性话语,尽管直接显示的是被转述者的立场,但是却也隐含了报道者的倾向。第二条是坚持行为主体与行为匹配次原则。在转述行为中,我们所报道的当事人与其使用的指称形式应该是匹配的,如:

(62)白皮书提到竹岛(韩国称"独岛")问题。与前几年一样,白皮书将竹岛表述为日本领土。

(63)据新华社首尔9月5日电 (记者李拯宇、干玉兰)韩国外交通商部发言人文太暎5日说,韩国政府对日本内阁会议通过将独岛(日本称"竹岛")表述为日本领土的2008年《防卫白皮书》深感遗憾,要求日方立即修改有关表述。(《人民日报》2008年9月6日)

这是《人民日报》2008年9月6日的一篇文章。在这两段话中,我们能看出"独岛""竹岛"序列是不一样的,第一段的"竹岛(韩国称'独岛')"将竹岛放在了显著的位置,这是因为此段的新闻主体是日本;而第二段的新闻主体是"韩国外交通商部发言人",因此序列变为"独岛(日本称'竹岛')"。第三条是坚持间接引语直接引语分别原则。在转述涉及我们国家主权问题时,如果是间接引语也应该明确只使用我们的指称形式,如"钓鱼岛",不但不应该只使用对方的指称形式,而且也不能使用"对方指称形式(即我'×××')",即使"我方指称形式(对方称之为×××)"的形式也是不尽妥当的;如果是直接引语,则必须在"对方指称形式"后面明确夹注"(即我'×××')",亦即"对方指称形式(即我'×××')"。而在我们并非当事国时,也应该注意对于我们国家利益的可能影响,一是注意平衡性,一般不宜只用一种指称形式,而应该注意争议双方的平衡,如"独岛(日本称'竹岛')";二是注意制衡性,当两国争议时,首先要注意制衡对于我国领土同时有非分要求的国家,其次要注意制衡其中传统大国的"帝国"主张。

第四章

权力机构指称序列与社会的法治化
——中国新闻语言重要指称序列分析之二

国家权力机构的指称序列不是一件小事。"子路曰:'卫君待子而为政,子将奚先?'子曰:'必也正名乎!'"(《论语》)

对普通公众来说,搞清楚各个权力机构的实质地位、法理依据并不容易,一些沿用多年的指称说法仍在流行,一些改变了的做法和指称表达尚未得到完全而广泛的理解。海外人士对我国权力机构体系更存不少误判和曲解。

这就需要媒体通过正确认识权力机构指称序列的变化并在报道中予以正确的表述,来引领"法治国家"的社会观念和社会价值取向。

国家权力机关的指称序列可有效反映出一个国家的国体和政体。国体即为国家的根本性质——国家的阶级内涵,政体即国家政权的组织形式。国家的性质决定了国家政治体系的组织结构,如君主专制、君主立宪、总统主导制、议会主导制、半总统半议会制、人民代表大会制等。政党制度方面如多党制、两党制、一党制、一党领导多党合作制等。

国家权力机关是代表国家和人民行使统治权的机关。由于各国国体、政体的不同,国家权力机关的组成也不同:在专制国家,独裁者集中掌握国家权力,并通过其官僚机构对国家实行管理。在资本主义民主制国家,奉行"三权分立"原则,国家权力一般划分为立法权、行政权、司法权三部分,分别由立法机关、行政机关、司法机关行使。立法权、行政权、司法权相互分立,又相互制约、相互平衡。

中国是社会主义国家,国体是人民民主专政,与之相适应的政体是人民代表大会制度,其国家权力机关是民主选举产生的人民代表机关。我国宪法规定,中华人民共和国的一切权力属于人民,人民行使国家权力的机关是全国人民代表大会和地方各级人民代表大会。全国人民代表大会是最高国家权力机关,地方各级人民代表大会是地方各级国家权力机关。与西方主流的"三权分立"不一样,我国按"议行合一"原则构建了人大基础上的"一府两院"架构,人民代表大会是国家权力机关,人民代表大会代表国家和人民的意志,集中统一掌握和行使国家权力。国家的行政、审判、检察机关是国家权力机关的执行机关,政府是国家行政机关,法院是国家审判机关,检察院是国家法律监督机关,"一府两院"由人大产生并对其负责。

与人民民主专政国体相应的政治制度是"中国共产党领导的多党合作和政治协商制度"。它与西方主流的多党竞争制有着根本区别。"中国人民政治协商会议"是中国人民爱国统一战线的组织,是中国共产党领导的多党合作和政治协商的重要机构。

对我国权力机构体系的概括常有"党政军""四大班子""五大班子""六大班子"以及"公检法"指称表述的说法,下面更有数百个工作部门。党委、人大、政府、政协等机构的指称序列在几十年内经历了许多变化,乃至近年还在基本规范中进行着微调。

从传播角度看,权力机构的指称序列的变化与我国国家的法治化进程密不可分。国家的法制的要义是维护宪法确立的国体、政体,保障公民权力,规范和限制公共权力。权力机构在法治的轨道摆正位置、行使职权,是建设社会主义现代化国家的题中应有之义,传播者有责任在其中扮演推动进步的建设者的责任。而在权力机构指称序列的运用上,则会自觉不自觉地体现出法治意识的高低。

新中国的法治建设是在废除以"六法全书"为代表的国民党法律体系的基础上开始的。1954年,在毛泽东主持下制定了中国历史上第一部社会主义性质的宪法,把人民民主和社会主义的原则固定了下来。此后,在短短几年时间里,相继制定了近千件法律、法令和法规。然而,后来的一个相当长的历史时期,由于"左"的错误思想的影响,特别是到了"文化大革命"时期,权力机构的运转混乱无序,我国法治建设遭受巨大破坏。

1982年的《宪法》重新奠定了我国权力机构名与实,在序言中强调了共产党的领导地位和政协的重要作用。在国家机构专章中依次明确了全国人大、国家主席、国务院、国家军委、地方人大和地方政府、法院和检察院的性质、职能与基本运行制度。经过1988年、1993年、1999年、2004年的四次修正,我国宪法以国家根本法的形式,确立了中国特色的社会制度。

2002年和2012年,在宪法施行二十周年和三十周年的时候,胡锦涛、习近平分别以党的总书记名义发表讲话,强调包括党自身在内的一切国家机关和武装力量、各政党和各社会团体、各企业事业组织,都必须以宪法为根本的活动准则,任何组织或者个人,都不得有超越宪法和法律的特权。习近平明确提出,依法治国,首先是依宪治国;依法执政,关键是依宪执政。

那么,在国家权力机构指称的运用特别是排序上,就需要充分全面地体现尊重宪法和法律的意识,张扬人民至上、国家至上、法律至上的精神。

第一节 国家最高权力机构的指称序列

一、"党政军"与"四大班子"指称序列

从新中国建立伊始,"党政军"就成为对权力机构体系的一种

经典概括。比如,"党政军负责人出席大会"。"党政军"指党委、政府、军队,这一排序多年不变。

中国共产党对国家社会事务的领导,主要通过政府来实现。中国人民解放军受中国共产党绝对指挥,其形象表述为"党指挥枪",这是人民军队建设的根本原则。2010年新版《中国人民解放军政治工作条例》依然强调:"中国人民解放军必须置于中国共产党的绝对领导之下,其最高领导权和指挥权属于中国共产党中央委员会和中央军事委员会。"

"党政军"这一指称的运用,在改革开放前几乎是一种普遍情况。人大、政协并不在其中,显示在那个历史时期,两者在国家治理构架中的地位排序。

随着国家法治化的进步,权力机构体系得到完善与健全,"党政军"这一指称在新闻报道中的使用频率呈现减少趋势,尤其是高层级正式场合已经弃用这一表述。但一些地方的新闻报道中仍沿用这一指称,乃至还有"党政军民"的表述,四者并列,将"民"置于最后,显然是一种理念上的缺失。

相对过去普遍使用"党政军"指称情况的一个明显变化是,越来越多地使用概括性的指称"四大班子",或"五大班子""六大班子"。在百度新闻中搜索,"党政军"为60余万条,"四大班子"有120万条,"五大班子"则有44万条,"六大班子"为4万多条。这些数据大致可代表当前的使用率。

"四大班子"提法超过"党政军",表明人大、政协的实际地位的上升。"四大班子"排序为党委、人大、政府、政协。"五大班子"在其后面加一个军事机关(中央为中央军委,省级为军区,市级为军分区,县级为武装部)。"六大班子"则再加一个纪委。

"四大班子"的使用概率最高,人们往往将"四大班子"的指称序列与国家权力机构关联在一起,实际上这一指称含义与完整的国家权力机关是不对应的。因为,其中政协的性质并不是国家权力机关。

二、"党委"与"人大"指称序列

按照宪法规定,人民代表大会制度是我国的根本政治制度,是人民当家作主的根本实现形式,全国人民代表大会是最高国家权力机关。那为什么在新闻报道中党委与人大同时出现时,党委固定地排在首位呢？这也是西方国家读者不太理解的指称排序。

这无疑涉及我国政体、政党制度与西方的根本区别。我国的中国共产党一党执政、各民主党派多党参政制度是历史形成的。中国共产党的执政权是中国人民通过宪法赋予的,其在国家治理中的领导地位,如人大和"一府两院"一样同样载入了国家根本大法宪法,宪法序言中明确了中国共产党领导地位的合法性。

焦洪昌在《唯宪法至上是依宪执政的客观要求》[①]中写道："1949年,我国制定了起临时宪法作用的共同纲领,通过协商建国的方式,组建了由中国共产党和各民主党派等参加的联合政府,初步解决了执政合法性问题。1954年,我国制定了第一部社会主义类型的宪法,确认了中国共产党领导人民组建国家政权和结成人民统一战线的事实,进一步强化了执政的合法性。1975年宪法,从序言到正文,先后7次出现中国共产党的领导,将一党执政的合法性强调到无以复加的地步。1982年,我国现行宪法在序言中有两个地方赋予了这种执政权:中国人民'将'继续在中国共产党领导下;中国共产党领导的多党合作和政治协商制度'将'长期存在和发展。与前述宪法规定不同,现行宪法用两个'将'字把中国共产党的领导从事实问题上升为法律规范,从而确立了执政的宪法依据。"

---

① 《法制日报》2012年12月18日。

第四章 权力机构指称序列与社会的法治化

与人大、政府不一样,党委并非国家权力机关。"党的领导"不是以上级对下级直接命令的方式实现。党章规定,党的领导主要是政治、思想和组织的领导。党要适应改革开放和社会主义现代化建设的要求,坚持科学执政、民主执政、依法执政,加强和改善党的领导。党必须按照总揽全局、协调各方的原则,在同级各种组织中发挥领导核心作用。

在"党的领导"之下,人民代表大会的地位和实际职能,近六十年有着曲折的变化。第一届全国人大于1954年成立,体现了社会主义民主,具有重大的进步意义。但受当时的制度设计水平和长期革命过程中形成的领导方式所限,早期人大制度所确立的各级国家机构和立法程序中,人大职权在一定程度上并没有得到落实。从第二届全国人大到第四届全国人大,其会期规定都没有按宪法规定进行。

直到改革开放时期,国家重新走向法治化,人大的地位和实际职能逐步归位"名副其实"。关于党委与人大的关系,胡锦涛在纪念全国人民代表大会成立五十周年大会时提出过"科学规范党委和人民代表大会的关系"的命题,要求支持人民代表大会依法履行自己的职责。

比如,制定"十二五"规划,属于国家重大事务,乃全国人大的职责。在这个问题上,党的领导方式便是由中共中央全会(十七届五中全会)审议通过提出"建议稿",再由国务院将其提请全国人大审议,在法定程序内,既实现党的领导和主张,又保证最高权力机关的权威性。

再如,党委对行政机关领导人的选用,例如,2013年3月召开的十二届全国人民代表大会一次会议,选举并决定国家机构领导人员。在此之前,中共中央全会(十八届二中全会)讨论了建议名单,提交大会依法进行选举或决定,而非直接任命。如常见的"代省长""代市长",需要在同级人大常委会决定并在次年人大会议上通过合法程序才能"转正"。理论上说，中国共产党的建议在人大会议上存在"被同意"与"被不同意"的两种可能。

而人大系统中的党组织，是党的组织领导的一个重要途径，通过充分发挥国家权力机关中党组织和党员的作用，贯彻党的理论和路线方针政策，以实现党对国家事务的领导。从党如何执政、如何领导人民当家作主这个角度来理解，可以用江泽民曾讲的一段话："共产党的执政就是领导和支持人民掌握管理国家的权力，实行民主选举、民主决策、民主管理和民主监督，保证人民依法享有广泛的权利和自由，尊重和保障人权。""共产党执政的实质是人民当家作主。"

国家行政学院教授、中国行政体制改革研究会副会长汪玉凯说："十六届四中全会发布的决定提出，按照党总揽全局、协调各方的原则，改革和完善党的领导方式。发挥党委对同级人大、政府、政协等各种组织的领导核心作用，发挥这些组织中党组的领导核心作用。党委既要支持人大、政府、政协和审判机关、检察机关依照法律和章程独立负责、协调一致地开展工作，及时研究并统筹解决他们工作中的重大问题，又要通过这些组织中的党组织和党员干部贯彻党的路线方针政策，贯彻党委的重大决策和工作部署。"①

因此，在新闻报道中，党委与人大等同时出现时，党委指称列前，作为国家权力机关指称排序的稳定架构，要体现的是中国政体构架中中国共产党的领导地位。

值得注意的是，为加强党对人大工作的领导，同时为充分发挥人大的权力机关作用，九届全国人大曾安排过地方党委书记兼任同级人大常委会主任的专题调研。此后，除直辖市、少数民族地区等少数特殊地方，全国各地省市县三级基本都由党委书记兼

---

① 《新京报》2013年2月7日。

任人大常委会主任。

查阅《人民日报》语料库,做了如下梳理:1975年开始出现省(市、区)委书记兼任省(市、区)人大常委会主任的情况。20世纪70年代出现2人;20世纪80年代出现2人;20世纪90年代出现17人。21世纪前10年出现6人。新疆、西藏、北京、上海尚无兼任情况(见表4-1)。

表4-1 省(自治区、直辖市)委书记兼任同级人大常委会主任一览表

序号	省区市	首次兼任同级人大常委会主任	兼任时间
1	江 苏	许家屯	1975
2	福 建	廖志高	1979
3	湖 北	陈丕显	1980
4	黑龙江	孙维东	1988
5	广 东	林 若	1990
6	河 南	李长春	1993
7	吉 林	何竹康	1993
8	内蒙古	王 群	1993
9	浙 江	李泽民	1993
10	陕 西	张勃兴	1993
11	江 西	毛致用	1993
12	广 西	赵富林	1995
13	山 东	赵志浩	1996
14	河 北	程维高	1997
15	湖 南	王茂林	1998
16	宁 夏	毛如柏	1998
17	青 海	田成平	1998

续表

序号	省区市	首次兼任同级人大常委会主任	兼任时间
18	四 川	谢世杰	1998
19	贵 州	刘方仁	1998
20	海 南	杜青林	1998
21	天 津	张立昌	1998
22	辽 宁	闻世震	2003
23	安 徽	王太华	2003
24	山 西	田成平	2003
25	甘 肃	宋照肃	2003
26	云 南	白恩培	2003
27	重 庆	黄镇东	2003
28	新 疆	无	
29	西 藏	无	
30	北 京	无	
31	上 海	无	

十二届全国人大一次会议前,各地人大、政府、政协换届完成。目前,除北京、天津、上海、重庆、广东、西藏、新疆外,其余省份省级行政区均由党委书记兼任人大常委会主任。从中可以看出,北京、天津、上海、重庆、广东的书记均为中共中央政治局委员,西藏、新疆是两个特殊的自治区。

国家行政学院教授汪玉凯认为,"书记兼任人大主任,是为了加强党对人大工作的领导"[①]。但我们以为,这未尝不可认为也是

---

① 《新京报》2013 年 2 月 7 日。

"提升人大地位"的一种过程,即过渡性制度安排。

回到指称运用,对在党委和人大兼任的领导人,在报道中的职务指称运用一般是"视情而定":若以党内身份从事活动,则使用党内职务指称;若以人大身份从事活动,只使用人大职务指称身份,比如,吴邦国在全国人代会和人大常委会会议上的报道,只使用全国人大常委会委员长指称;除此之外的公务活动一般则表现为同时并列使用两个指称,党内职务在先。

三、"党委"与"政府"指称序列

在现有体制下,类似于党委与人大的关系,党委与政府同样不是上级对下级直接命令的方式实现,而是由政治领导、思想领导、组织领导方式实现。如此,在新闻语言中则体现为对党政指称排序上"党为先为重"的原则,在《人民日报》语料库中没有检索到倒置的指称排序表述。

但是,在过去因为实际工作中存在的"党政不分、以党代政"的问题,会在报道中折射出来,造成指称运用不当甚至违宪的情况。比如,过去常见的"某某党委决定给某政府干部行政上撤职、开除等处分",实际上应当是"某某党委建议给予某某撤职、开除等处分",显然造成"以党代政"的传播印记。

四、"全国人大""国务院""全国政协"指称序列

在我们的新闻语言中,对中共中央、全国人大、国务院、全国政协的指称排序,中共中央的首位排序是稳定的。但是,在全国人大、国务院、全国政协的排序中可发现一种不稳定的状况。

查阅《人民日报》语料库发现,关于"国务院""全国人大""全国政协"的序列排排有505条,分成两种序列方式。

1."国务院、全国人大、全国政协"的序列

以"国务院、全国人大、全国政协"排序的有262条,占52%。如:

(1) 大展期间，还将举办领导专场、外国驻华使馆人员专场、外来务工人员专场，邀请**党中央、国务院、全国人大、全国政协**、最高人民法院、最高人民检察院的领导同志以及部级领导干部历史文化讲座成员，外国驻华使馆人员以及在京企业的外来务工人员等参观中国非物质文化遗产生产性保护成果大展。(《人民日报》2012年2月1日)

(2) **党中央、国务院、全国人大、全国政协**有关部门以及部分中央企业的负责人在北京主会场参加了会议。省（区、市）、市（地）、县（市）政府负责人和粮食清仓查库工作人员在各地分会场参加了会议。(《人民日报》2009年3月26日)

(3) 党和政府十分重视见义勇为工作。早在1991年，**党中央、国务院、全国人大常委会**在《关于加强社会治安综合治理的决定》中，把弘扬见义勇为精神作为发动群众参与维护社会治安的重要措施，明确提出在县级以上要建立见义勇为基金会，表彰奖励人民群众中的见义勇为先进人物。2001年9月，党中央、国务院在《关于进一步加强社会治安综合治理的意见》中明确要求，"大力褒奖见义勇为的先进人物，弘扬社会正气"。(《人民日报》2003年7月9日)

(4) 北京西城区是这样一个特殊的城区：**党中央、国务院、全国人大常委会、全国政协**所在的中央办公区，我国特大城市唯一的国家级可持续发展实验区，北京市唯一的全国社区建设实验区。近几年来，西城区积极探索现代大都市社区建设的途径，率先突破原有政府部门一家包办社区的局限，走出了一条自我发展、自我服务和自我管理的社区建设新路。(《人民日报》2001年11月8日)

(5) **中共中央、国务院、全国人大、全国政协**的有关领导，中央统战部、各民主党派中央、各人民团体及有关部门负责人出席了开幕式。(《人民日报》1997年11月4日)

2. "全国人大、国务院、全国政协"的序列

以"全国人大、国务院、全国政协"排序的,共有 243 条,占 48%。如:

(6) 王兆国说,**中国共产党、全国人大和国务院**一贯重视和支持中非工会友好合作事业,中非工会间近年来举办的多起中非工会领导人研讨会,已成为中非工会友好合作的有效平台和重要机制。(《人民日报》2012 年 7 月 11 日)

(7) 中央国家机关和各级人民政府热情支持,军地有关部门通力协作,广大指战员和人民群众积极参与。特别是**全国人大、国务院和中央军委**的立法机构,在征求意见、协调协商、组织调研、修改草案、呈报审议等各个阶段,都倾注了大量心血。(《人民日报》2012 年 5 月 28 日)

(8) **全国人大、国务院有关部门**、部分省(区、市)科技管理部门、高等学校、科研院所的负责同志,科学家和法律专家代表等参加座谈会。(《人民日报》2012 年 5 月 23 日)

(9) **中共中央、全国人大、国务院、全国政协**有关部门(单位)和最高人民法院、最高人民检察院负责同志在北京主会场参加了会议。各省、自治区、直辖市和计划单列市政府、新疆生产建设兵团负责同志,各市(地)和县(市)主要负责人在分会场参加了会议。(《人民日报》2011 年 4 月 22 日)

(10) 检阅后,胡锦涛登上天安门城楼,发表重要讲话。他首先代表**党中央、全国人大、国务院、全国政协和中央军委**,向一切为民族独立和人民解放、国家富强和人民幸福建立了不朽功勋的革命先辈和烈士们表示深切的怀念,向全国各族人民和海内外爱国同胞致以热烈的祝贺,向关心和支持中国发展的各国朋友表示衷心的感谢。(《人民日报》2009 年 10 月 2 日)

（11）**中国共产党中央委员会、中华人民共和国全国人民代表大会常务委员会、中华人民共和国国务院、中国人民政治协商会议全国委员会、中央军事委员会**沉痛宣告：伟大的无产阶级革命家、政治家，杰出的国务活动家，坚定的马克思主义者，我国社会主义法制的主要奠基人，党和国家的卓越领导人彭真同志，因病医治无效，于 1997 年 4 月 26 日 23 时 40 分在北京逝世，享年 95 岁。(《人民日报》1997 年 4 月 27 日）

分析语料可以发现，上述两类表述情况出现的概率不分伯仲。前者通常出现在媒体日常报道中，也是人们在社会交流中自然地、无意识地使用的表达方式，成为"约定俗成"的固定序列；后者，则主要出现在国家正式文本公告中，是一种有意识的按规范表达的排序，例如，语料中所有涉及国庆庆典和阅兵时领导人发表的讲话，是依照中共中央、全国人大、国务院、全国政协的序列表达；所有党和国家重要领导人逝世的讣告，都以此序列报道，如邓小平、陈云、李先念等的逝世讣告。正式文本序列和日常文本序列的冲突，这既显示了中国决策层推进中国社会法制化、强化人大地位的一种努力，也体现了政治规范与政治习惯，制度安排与事实操作的一致。

第二节 国家司法机构的指称序列

一、国家司法机构指称序列的类型

检索在《人民日报》语料库中发现，涉及公安、检察院、人民法院的指称排序，共有 791 条，分成以下三种情况。

1. "公检法"的指称序列

以"公检法"或"公安、检察院、法院"为国家司法机构的指称

序列,共有 731 条,占 92.4%。如:

(12)《暂行规定》对执法司法机关如何受理举报、如何立案等均作出了明确的程序性规定,明确了**公安、检察、法院**受理立案的程序,方便当事人控告和举报虚假诉讼;确立了**公、检、法、司**等 4 家机关协调配合,共同承担打击和预防责任的机制;对虚假诉讼的审查和处理作出了具体规定,并规定了虚假诉讼行为当事人的法律责任。(《人民日报》2011 年 9 月 15 日)

(13)第一个层面,由市政府副秘书长任召集人,市侨办、市外资委和市人大侨委共同牵头,会同工商、税务、海关、房地、**公安、检察、法院**、司法等部门,组成"行动年"工作联席会议,重点协调解决一些侵权大案,或帮助一些重点对象解决经营中的困难。(《人民日报》1999 年 8 月 10 日)

(14)案发后,温州市**公安、检察、法院**迅速组织力量将景旭抓获归案。经法院公开审理,认定被告人景旭的行为已构成故意杀人罪,情节特别严重,应予严惩。(《人民日报》1989 年 11 月 9 日)

(15)调查证实,芜湖市经济技术开发区公检法部门 11 月 29 日赴黄山市屯溪区五星级酒店召开的联席工作例会未经报批。日前,芜湖市相关部门已经出台处理意见,责成相关责任人作出检查,并在全市通报批评,会议所有费用将由参会人员个人承担。(《人民日报》2012 年 12 月 12 日)

2."法、检、公"的指称序列

在《人民日报》电子语料库中,以"法院、检察院、公安局"或"法、检、公"为序,共有 59 条,占 7.5%。如:

(16) 在集中执行行动中,指挥部先后四次召开协调会,解决出现的问题,并分 4 个组到全市 13 个基层法院对执行行动开展情况、执行方案落实情况和法、检、公在执行工作中的配合情况进行督导检查。与此同时,推行责任追究制度、案件执行进展情况周报制度和"黄牌"告诫制度。对完不成执行工作任务、法、检、公配合不力和对上级指令执行的案件未按期执行的,年终评先实行一票否决。(《人民日报》2004 年 9 月 27 日)

(17) 江西省高级人民法院、省检察院、省公安厅、省司法厅等 4 家政法机关联合制定了《关于预防和惩处虚假诉讼的暂行规定》,近日印发全省各级法、检、公、司机关施行。(《人民日报》2011 年 9 月 15 日)

(18) 量刑规范化改革改变了过去法院、检察、公安三机关只有法院重量刑的工作模式,将各政法机关的相关工作有机地衔接起来。专家表示,量刑规范化改革,既使宽严相济刑事政策得到进一步贯彻落实,也使被告人的合法权利得到进一步保护;既使社会矛盾得到进一步化解,也使公正廉洁司法得到进一步保证。(《人民日报》2012 年 10 月 15 日)

(19) 河北省法院、检察、公安机关会签文件,规范拒执罪的有关概念和程序规范,确保按照法律程序从快办理,有效惩治拒执犯罪。(《人民日报》2009 年 4 月 9 日)

(20) 江苏省徐州市委政法委、法院、检察、公安、司法和妇联等六部门近日联合出台了《关于预防和制止家庭暴力的意见》。该意见就人民法院、公安机关、基层派出所、司法所、人民调解委员会、治安联防组织、治保会以及居民(村)委员会对因家庭暴力引发的民事和刑事案件的处理作出了规定。(《人民日报》2002 年 12 月 11 日)

这种序列基本上在这些年才开始使用的,这意味着传统的"公、检、法"序列及其所凝结的"公安保卫"重于"法院"的观念已经开始出现了明显的裂缝,也许将导致根本的变革。

3."法、公、检"的指称序列

以"法院、公安局、检察院"为序排列,只有一处:

> (21)南通还将社会矛盾纠纷调处中心与**法院、公安局**、检察院职能工作有效对接,促进社会调解资源与公检法专业资源有机整合,使矛盾纠纷进入司法程序的数量大幅减少。通过"诉调对接",今年全市两级法院调撤率可望超过75%;通过"公调对接",全市公安机关3年调解纠纷45 843件,调解成功率97%以上;通过"检调对接",全市两级检察机关3年来调解结案986件,防止群体性上访事件60余起。(《人民日报》2009年11月8日)

在政法(或泛义的司法)领域,长期流行"公检法"的概称。从上述分析可以看出,92.4%的新闻报道中使用的是"公检法"的序列表述,几乎成为一种固定序列。然而,这一指称的内涵逻辑却不合理。

二、国家司法机构指称序列的解释

所谓"国家司法机构"其实包含两种形态,一是权力"机关",一是政府"部门",传统的指称序列其实将其混淆了。"公""检""法"的范畴并不一样。公检法不全部属于司法机关,权力机关是直接向人大负责的,公安局则是政府部门。检察院和法院是国家权力机关。公安、司法都只是政府行政部门。就政府部门而言,应是"公(公安系统)、司(司法部系统)、安(国家安全系统)"并列,而更有缺失的是这一指代的内在公、检、法的排序,与《宪法》构建的国家司法权力部门定位及设置是错位的,既没有遵循宪法的原则,也没有彰显依法治国的精神,用这种错位指称实施传播,其受众的认知效果必然会是错位的。

根据宪法规定,与行政机关"政府"一样,审判机关"法院"、检察机关"检察院"都由人民代表大会产生,对它负责,受它监督。人民法院是国家的审判机关,依照法律规定独立行使审判权,不受行政机关、社会团体和个人的干涉。人民检察院是国家的法律监督机关,依照法律规定独立行使检察权,不受行政机关、社会团体和个人的干涉。

公安机构是行政机关的一个组成部门,在法定地位上低于法院和检察院。将政府的一个组成部门与一级权力机关相提并论并且置于序列之首,显然是不合适的。

Fairclough 和 Wodak(1997)提出,话语是在社会中产生,同时又在改变着社会。话语反映着形形色色的社会行为,社会中任何细微的变化都会通过话语体现出来。新闻报道是第二性的,是发生了新闻,才会有新闻报道。新闻语言反映的是新闻,其报道新闻所运用的语言符号应当是如实呈现新闻的客观事实,所以新闻报道的语言肯定源于社会现实,依赖于社会实践,它反映社会现实,又随社会实践的变化而变化,随社会生活的发展而发展的。观察分析"公检法"的指称之所以成为"固化"的表述,是有其社会背景的。

"公检法"序列的形成,最初既是一种重要的序列,也是一种办案流程的序列。就重要性而言,在战争年代,"公安保卫"是极其重要的,"法制"则常可忽略。就办案流程而言,在刑事诉讼办案流程中,公安机关负责侦查,检察机关负责起诉,法院负责审判,犹如流水线作业。在 1979 年《刑事诉讼法》制定之前,公安机关如何立案侦查,检察机关对侦查、审判如何进行法律监督,法院如何对有关犯罪的案件进行审理,以及公安机关、检察机关和人民法院之间在办理犯罪案件时如何进行分工等,都无基本法律可依。在"政治挂帅"的年代,在"以阶级斗争为纲"的方针指引下,在法律虚无主义思潮的影响下,审判成为侦查的附属,程序正义的缺失导致了大量冤假错案。

《中华人民共和国刑事诉讼法》的立法是新时期法治进程的一个重要成就。刑诉法规定,对刑事案件的侦查、拘留、执行逮捕、预审,由公安机关负责。检察、批准逮捕、检察机关直接受理的案件的侦查、提起公诉,由人民检察院负责。审判由人民法院负责。"人民法院、人民检察院和公安机关进行刑事诉讼,应当分工负责,互相配合,互相制约,以保证准确有效地执行法律。"三个机构的分工不同,各司其职,又实行互相制约。在办理案件过程中,发现存在什么问题,或对案件有异议,彼此可以按照法律程序提出不同意见,以防止可能发生的偏差和错误,达到提高办案质量,不枉不纵。

由刑事案件办案程序而言,公检法的排列有其合理性,这体现了司法办案时间顺序排列,但是有意无意也成为保存并彰显了某种重要性排列的社会秩序。而时间顺序的排序与重要性排列,现代性意义完全不一样。如果就时间顺序而言,公安局执行侦察,检察院执行起诉,法院判决,这是刑事司法一般过程,但是事实上正是这种办案过程的序列呈现却有意无意掩盖了其重要性安排的非法性。

我们应该看到在刑诉法条文的排序中,已经明确为"法检公"。但刑事诉讼法制定之后,"公检法"之说依然流行。在多年沿袭中,形成了一种刑事诉讼单一目的的思维定式,即刑事诉讼是国家机关查明犯罪、证实犯罪和追究犯罪的活动。有专家概括,以此为目的而设计的刑事诉讼的基本特征是:重实体而轻程序;重打击、惩罚而轻保护;重司法机关权力而轻其他诉讼权利;重整体利益而轻个体利益;重权力运作而轻权力制约。

在这样一种传统认识下,司法实践中的"公检法"分工配合往往成为公安行政机关主导,以侦查为中心,公安"破案"几乎等同法院定案,司法机关尤其是法院的独立性遭受侵害。甚至还出现这样的顺口溜:"大公安,小法院,可有可无检察院"。

近年,"公检法"之说在官方表述中迅速萎缩,如中央政法机关联合发布的文件,都按最高人民法院、最高人民检察院、公安部、司法部的序列排列。但民间沿用的习惯和新闻报道中依然还是以"公检法"为主。

显然,这种日常语言习惯,不仅是一种"套语"的作用,也不完全是出于办案流程。我们以为,这相当程度上依然是司法系统内部的实际位阶的反映。在刑事法治走向成熟,但公安部门的重要性却依然常常被提高到重要和突出的位置。党的十六大后,公安的重要性直接体现在首长级别升格,当时公安部长即由政治局委员、国务委员担任。2003年11月18日,中央发出《关于进一步加强和改进公安机关的决定》,提出有条件的地方,逐步实行由同级党委常委或政府副职兼任省、市、县三级公安机关主要领导。这无疑强化了"公"为老大的概念。

有媒体根据公开资料统计,党的十七大前的那一轮地方集中换届,各地公安局长多由党委常委、政法委书记兼任。政法委书记兼任公安局长的一个好处是"协调更方便","维稳"效率更高,但也面临"被监督者是监督者的领导"这样的难题。

两难取舍之下,权威部门曾于2010年提出要求,省级政法委书记不兼任公安厅(局)长,但要由党政领导班子成员或政府党组成员担任。体现在党的十八大前的地方集中换届的成果便是,各级地方公安一把手多由位阶低于党委常委的政府副职兼任。

第三节　国务院组成部门的指称序列

一、国务院组成部门指称序列的变化

国务院是我国最高权力机关的执行机关,即最高国家行政机关,是中央人民政府。1949—1954年的政务院为国家政务的最高执行机关。其下属的部委构成了国务院组成部门(未讨论其办事机构和直属单位),这是国家最高行政机关的序列,其变化对观察整个国家治理的变化具有重要意义。我们主要是以政府换届的国务院组成机构的变化作分析对比,其届中的几次变化会在分析中提及。

1. 以强力部门为核心的序列(1949—1965)

(1) 1949年政务院组成单位序列。

据1949年通过的《中央人民政府组织法》,政务院设政治法律委员会、财政经济委员会、文化教育委员会、人民监察委员会和下列各部、会、院、署、行,主持各该部门的国家行政事宜。

政务院组成部门:
内务部,外交部,情报总署,公安部,财政部,人民银行,贸易部,海关总署,重工业部,燃料工业部,纺织工业部,食品工业部,轻工业部,铁道部,邮电部,交通部,农业部,林垦部,水利部,劳动部,文化部,教育部,科学院,新闻总署,出版总署,卫生部,司法部,法制委员会,民族事务委员会,华侨事务委员会。(30个)

政治法律委员会指导内务部、公安部、司法部、法制委员会和民族事务委员会的工作。

财政经济委员会指导财政部、贸易部、重工业部、燃料工业部、纺织工业部、食品工业部、轻工业部、铁道部、邮电部、交通部、农业部、林垦部、水利部、劳动部、人民银行和海关总署的工作。

文化教育委员会指导文化部、教育部、卫生部、科学院、新闻总署和出版总署的工作。

为进行工作,各负指导责任的委员会得对其所属各部、会、院、署、行和下级机关,颁发决议和命令,并审查其执行。

人民监察委员会负责监察政府机关和公务人员是否履行其职责。

其间变化:情报总署1952年8月撤销;人事部1950年9月设立;华北事务部1950年9月设立,1952年4月撤销;华北行政委员会1952年4月设立;国家计划委员会1952年11月成立后,

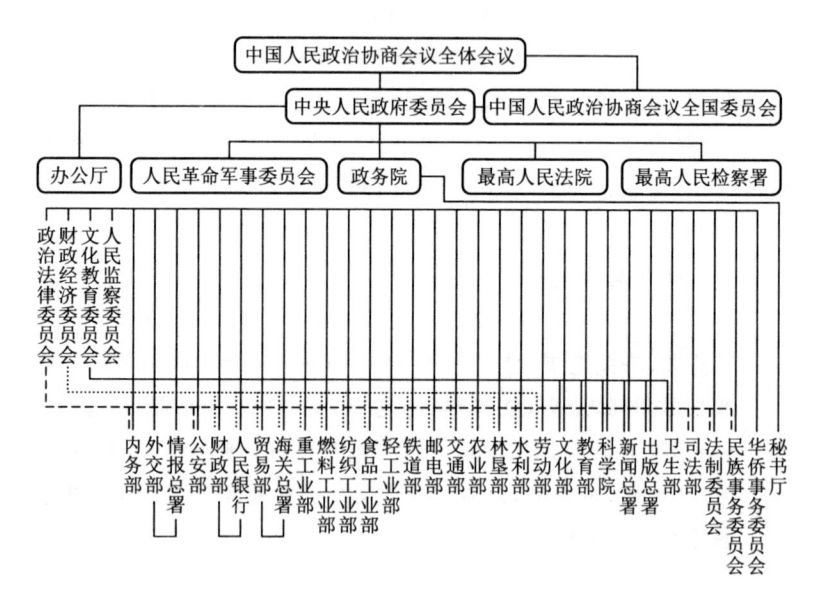

图 4-1 1949 年 10 月中央人民政府及政务院机构图

注:政治法律委员会、财政经济委员会、文化教育委员会引向各部门的虚线、点线、实线表示对各部门为指导关系。

重工业部、第一机械工业部等 8 部划归国家计委领导;贸易部 1952 年 9 月撤销;食品工业部 1950 年 12 月撤销;海关总署 1953 年 1 月撤销;对外贸易部 1952 年 8 月设立;商业部 1952 年 8 月设立;粮食部 1952 年 8 月设立;第一机械工业部 1952 年 8 月设立;第二机械工业部 1952 年 8 月设立;建筑工程部 1952 年 8 月设立;地质部 1952 年 11 月设立;新闻总署 1952 年 8 月撤销;出版总署 1954 年 9 月撤销;高等教育部 1952 年 11 月设立;体育运动委员会 1952 年 11 月设立;扫除文盲工作委员会 1952 年 11 月设立。

(2) 1954 年国务院组成单位序列。

1954 年 9 月,第一届全国人民代表大会召开,制定了《中华人民共和国宪法》,按照宪法规定,政府院改称国务院。

按照《中华人民共和国国务院组织法》,国务院由原先政务院的三十个部委,增加至三十五个,并撤销了政治法律委员会、财政经济委员会、文化教育委员会、人民监察委员会等四个专门委员会。

撤销或划转:情报总署、海关总署、食品工业部、科学院、新闻总署、出版总署、法制委员会

新增:国防部、监察部、国家计委、国家建委、粮食部、商业部、一机部、二机部、地质部、建筑工程部、地方工业部、高教部

国务院组成部门:

内务部,外交部,国防部,公安部,司法部,监察部,国家计划委员会,国家建设委员会,财政部,粮食部,商业部,对外贸易部,重工业部,第一机械工业部,第二机械工业部,燃料工业部,地质部,建筑工程部,纺织工业部,轻工业部,地方工业部,铁道部,交通部,邮电部,农业部,林垦部,水利部,劳动部,文化部,高等教育部,教育部,卫生部,体育运动委员会,民族事务委员会,华侨事务委员会。(35 个)

国务院
├─ 国务院秘书厅
├─ 办公机构
│ ├─ 国务院第一办公室
│ ├─ 国务院第二办公室
│ ├─ 国务院第三办公室
│ ├─ 国务院第四办公室
│ ├─ 国务院第五办公室
│ ├─ 国务院第六办公室
│ ├─ 国务院第七办公室
│ └─ 国务院第八办公室
├─ 直属机构
│ ├─ 国家统计局
│ ├─ 国家计量局
│ ├─ 中国人民银行
│ ├─ 中央手工业管理局
│ ├─ 中国民用航空局
│ ├─ 中央气象局
│ ├─ 中央工商行政管理局
│ ├─ 新华通讯社
│ ├─ 广播事业局
│ ├─ 中国文字改革委员会
│ ├─ 对外文化联络局
│ ├─ 国务院宗教事务局
│ ├─ 国务院法制局
│ ├─ 国家档案局
│ ├─ 中央要交通室
│ ├─ 国务院参事室
│ ├─ 国务院机关事务管理局
│ └─ 国务院总理办公室
└─ 部委机构
   ├─ 内务部
   ├─ 外交部
   ├─ 国防部
   ├─ 公安部
   ├─ 司法部
   ├─ 监察部
   ├─ 国家计划委员会
   ├─ 国家建设委员会
   ├─ 财政部
   ├─ 粮食部
   ├─ 商业部
   ├─ 对外贸易部
   ├─ 重工业部
   ├─ 第一机械工业部
   ├─ 第二机械工业部
   ├─ 燃料工业部
   ├─ 地质部
   ├─ 建筑工程部
   ├─ 纺织工业部
   ├─ 轻工业部
   ├─ 地方工业部
   ├─ 铁道部
   ├─ 交通部
   ├─ 邮电部
   ├─ 农业部
   ├─ 林垦部
   ├─ 水利部
   ├─ 劳动部
   ├─ 文化部
   ├─ 高等教育部
   ├─ 教育部
   ├─ 卫生部
   ├─ 体育运动委员会
   ├─ 民族事务委员会
   └─ 华侨事务委员会

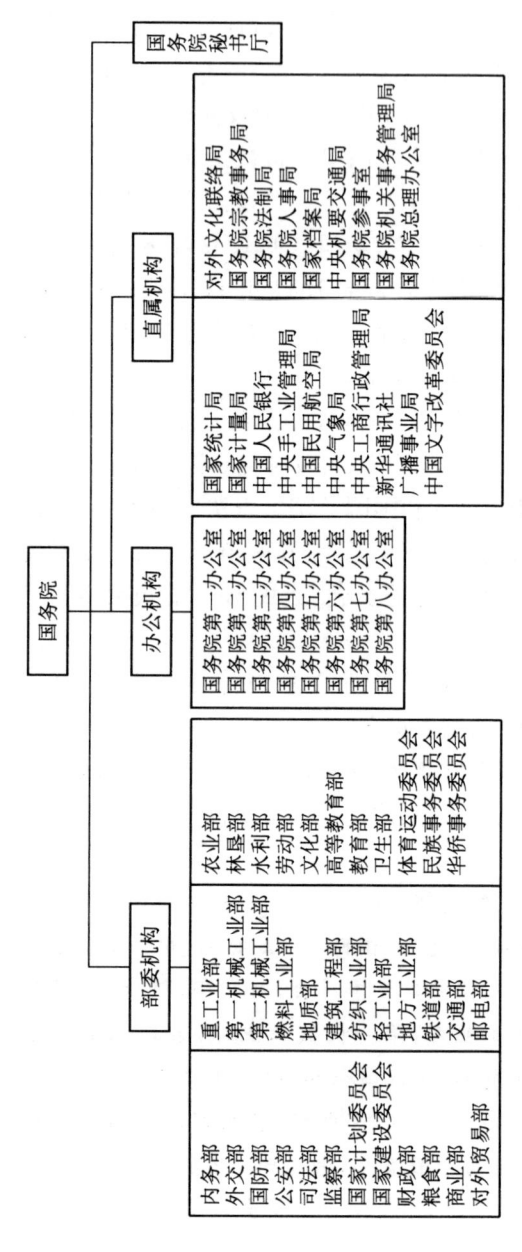

图 4-2 1954 年国务院组织机构图

1956年届中发生较大变化:撤销了重工业部、燃料工业部,新增了国家经委、国家技术委员会、城市服务部、水产部、冶金部、化工部、三机部、电机部、煤炭部、电力部、石油部、城市建设部、食品工业部、农垦部、森林工业部。(部分名称有微调,下同)

国务院组成部门:
内务部,外交部,国防部,公安部,司法部,监察部,国家计划委员会,国家经济委员会,国家基本建设委员会,科学技术委员会,财政部,粮食部,商业部,城市服务部,水产部,对外经贸部,冶金部,化工部,地方工业部,第一机械工业部,第二机械工业部,第三机械工业部,电机部,煤炭部,电力部,石油部,地质部,建筑工程部,城市建设部,纺织工业部,轻工业部,食品工业部,铁道部,交通部,邮电部,农业部,农垦部,林垦部,森林工业部,水利部,劳动部,文化部,高等教育部,教育部,卫生部,体育运动委员会,民族事务委员会,华侨事务委员会。(48个)

(3) 1959年国务院组成部门序列。

1959年4月第二届全国人大一次会议后,国务院组成部门较1956年又有变化,撤销了司法部(职能改由最高人民法院行使)、监察部(职能改由中共中央人民监察委员会行使)、城市服务部、建筑材料工业部、第三机械工业部、电机制造工业部、电力部、城市建设部、食品工业部、农垦部、森林工业部、水利部、高等教育部,新增了农业机械部、水利电力部、对外文化联络委员会。

国务院组成部门:
内务部,外交部,国防部,公安部,国家计划委员会,国家经济委员会,国家基本建设委员会,科学技术委员会,财政

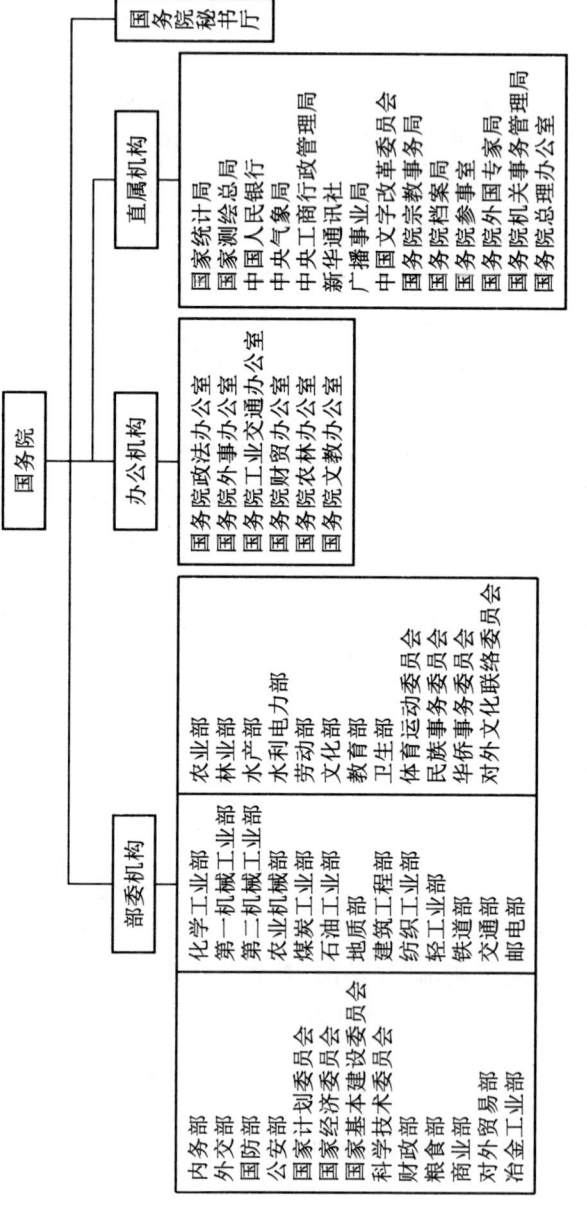

图 4-3 1959 年国务院组织机构图

国务院秘书厅

国务院

直属机构：国家统计局、国家测绘总局、中国人民银行、中央气象局、中央工商行政管理局、新华通讯社、广播事业局、中国文字改革委员会、国务院宗教事务局、国务院档案局、国务院参事室、国务院外国专家事务局、国务院机关事务管理局、国务院总理办公室

办公机构：国务院政法办公室、国务院外事办公室、国务院工业交通办公室、国务院财贸办公室、国务院农林办公室、国务院文教办公室

部委机构：内务部、外交部、国防部、公安部、国家计划委员会、国家经济委员会、国家基本建设委员会、科学技术委员会、财政部、粮食部、商业部、对外贸易部、冶金工业部、化学工业部、第一机械工业部、第二机械工业部、农业机械部、煤炭工业部、石油工业部、地质部、建筑工程部、纺织工业部、轻工业部、铁道部、交通部、邮电部、农业部、林业部、水产部、水利电力部、劳动部、文化部、教育部、卫生部、体育运动委员会、民族事务委员会、华侨事务委员会、对外文化联络委员会

部,粮食部,商业部,对外贸易部,冶金工业部,化学工业部,第一机械工业部,第二机械工业部,农业机械部,煤炭工业部,石油工业部,地质部,建筑工程部,纺织工业部,轻工业部,铁道部,交通部,邮电部,农业部,林业部,水产部,水利电力部,劳动部,文化部,教育部,卫生部,体育运动委员会,民族事务委员会,华侨事务委员会,对外文化联络委员会。(38个)

2. 经济建设部门地位上升的序列(1965—1978)

(1) 1965年国务院组成部门序列。

1965年1月第三届全国人大一次会议后,国务院组成部门较1959年有所变化,撤销了内务部,新增了第三机械工业部、第四机械工业部、第五机械工业部、第六机械工业部、第七机械工业部、第八机械工业部、第一轻工业部、第二轻工业部、物资管理部、对外经济联络委员会、高等教育部。

国务院组成部门包括:

外交部,国防部,国家计划委员会,国家经济委员会,国家基本建设委员会,科学技术委员会,公安部,内务部,民族事务委员会,农业部,林业部,水产部,冶金工业部,化学工业部,第一机械工业部,第二机械工业部,第三机械工业部,第四机械工业部,第五机械工业部,第六机械工业部,第七机械工业部,第八机械工业部,煤炭工业部,石油工业部,水利电力部,地质部,建筑工程部,建筑材料工业部,纺织工业部,第一轻工业部,第二轻工业部,铁道部,交通部,邮电部,物资管理部,劳动部,财政部,商业部,粮食部,对外贸易部,文化部,高等教育部,教育部,卫生部,体育运动委员会,对外文化联络委员会,对外经济联络委员会,华侨事务委员会。(48个)

国务院组织机构图（1965年）

国务院秘书厅

部委机构
外交部
国防部
国家计划委员会
国家经济委员会
国家基本建设委员会
科学技术委员会
公安部
内务部
民族事务委员会
农业部
林业部
水产部
冶金工业部
化学工业部
第一机械工业部
第二机械工业部
第三机械工业部
第四机械工业部
第五机械工业部
第六机械工业部
第七机械工业部
第八机械工业部
煤炭工业部
石油工业部
水利电力部
地质部
建筑工程部
建筑材料工业部
纺织工业部
第一轻工业部
第二轻工业部
铁道部
交通部
邮电部
物资管理部
劳动部
财政部
商业部
粮食部
对外贸易部
文化部
高等教育部
教育部
卫生部
体育运动委员会
对外文化联络委员会
对外经济联络委员会
华侨事务委员会

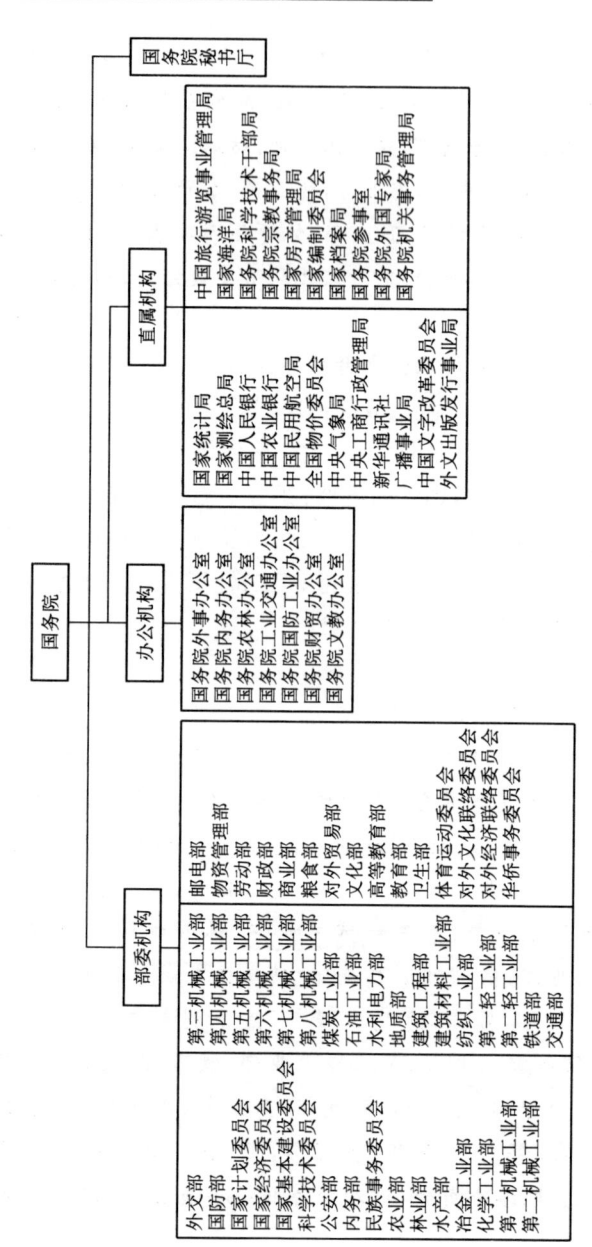

办公机构
国务院外事办公室
国务院内务办公室
国务院农林办公室
国务院工业交通办公室
国务院国防工业办公室
国务院财贸办公室
国务院文教办公室

直属机构
国家计划统计局
国家测绘总局
中国人民银行
中国农业银行
中国民用航空局
全国物价委员会
中央气象局
中央工商行政管理局
新华通讯社
广播事业局
中国文字改革委员会
外文出版发行事业局
中国旅行游览事业管理局
国家海洋局
国务院科学技术干部局
国务院宗教事务局
国家房产管理局
国家编制委员会
国务院档案馆
国务院外国专家事务局
国务院机关事务管理局

图4-4　1965年国务院组织机构图

"文化大革命"期间的1970年的机构变化较大,原有部分机构调整管理序列,如国防部、二机部、三机部、四机部、五机部、六机部、七机部、体委划由军委管辖,经委、八机部等部门撤销。临时性变成:外交部、国家计划委员会、国家基本建设委员会、公安部、对外贸易部、对外经济联络部、农林部、冶金工业部、第一机械工业部、燃料化学工业部、水利电力部、轻工业部、交通部、财政部(中国人民银行并入后保留名称)、商业部、文化部、科教部、卫生部、中国科学院,共19个。

(2) 1975年国务院组成单位序列。

1975年3月5日第四届全国人大一次会议后,国务院组成部门发生变化,撤销或划转:燃料化学工业部、科教部、中国科学院;新增或划转:国防部、第二机械工业部、第三机械工业部、第四机械工业部、第五机械工业部、第六机械工业部、第七机械工业部、煤炭工业部、石油化学工业部、铁道部、邮电部、文化部、教育部、国家体委。

> 国务院组成部门包括:
> 外交部,国防部,国家计划委员会,国家基本建设委员会,公安部,对外经贸部,对外经济联络部,农林部,冶金工业部,第一机械工业部,第二机械工业部,第三机械工业部,第四机械工业部,第五机械工业部,第六机械工业部,第七机械工业部,煤炭工业部,石油化学工业部,水利电力部,轻工业部,铁道部,交通部,邮电部,财政部,商业部,文化部,教育部,卫生部,国家体育运动委员会。(29个)

3. 科教地位上升的序列(1978年至今)

(1) 1978年国务院组成单位序列。

1978年3月第五届全国人民代表大会第一次会议后,国务院

国务院

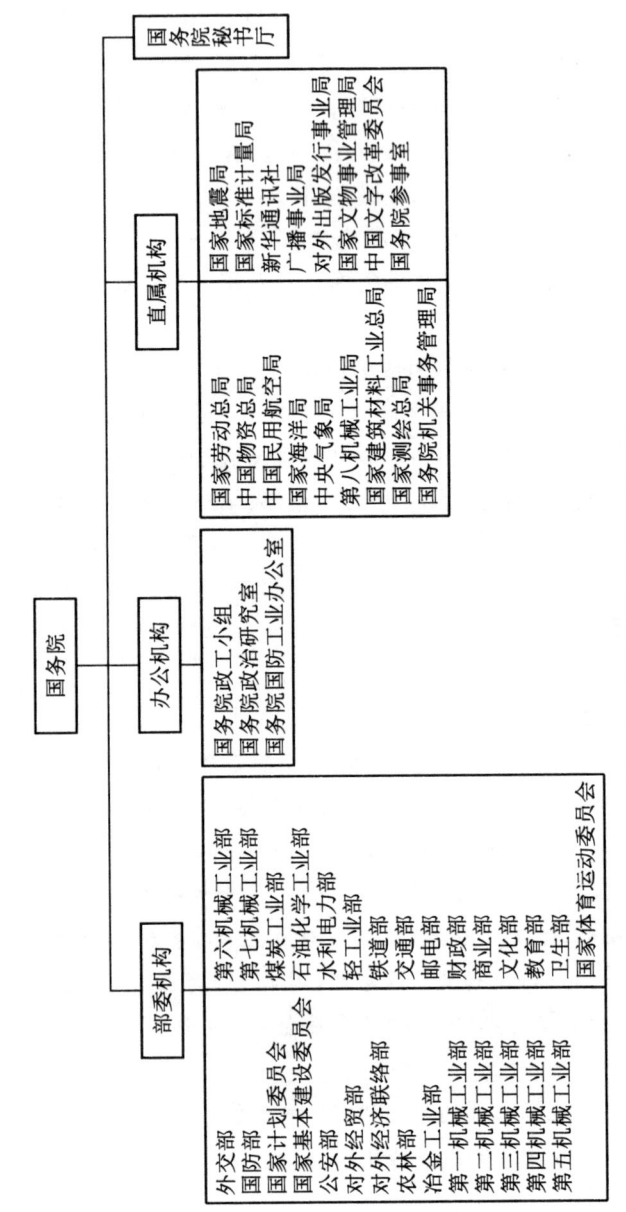

国务院秘书厅

部委机构
- 外交部
- 国防部
- 国家计划委员会
- 国家基本建设委员会
- 公安部
- 对外经贸部
- 对外经济联络部
- 农林部
- 冶金工业部
- 第一机械工业部
- 第二机械工业部
- 第三机械工业部
- 第四机械工业部
- 第五机械工业部
- 第六机械工业部
- 第七机械工业部
- 煤炭工业部
- 石油化学工业部
- 水利电力部
- 轻工业部
- 铁道部
- 交通部
- 邮电部
- 财政部
- 商业部
- 文化部
- 教育部
- 卫生部
- 国家体育运动委员会

办公机构
- 国务院政工小组
- 国务院政治研究室
- 国务院国防工业办公室

直属机构
- 国家劳动总局
- 中国物资总局
- 中国民用航空局
- 国家海洋局
- 中央气象局
- 第八机械工业总局
- 国家建筑材料工业总局
- 国家测绘总局
- 国务院机关事务管理局
- 国家地震局
- 国家标准计量局
- 新华通讯社
- 广播事业局
- 对外出版发行事业管理局
- 国家文物事业管理局
- 中国文字改革委员会
- 国务院参事室

图 4-5　1975 年国务院组织机构图

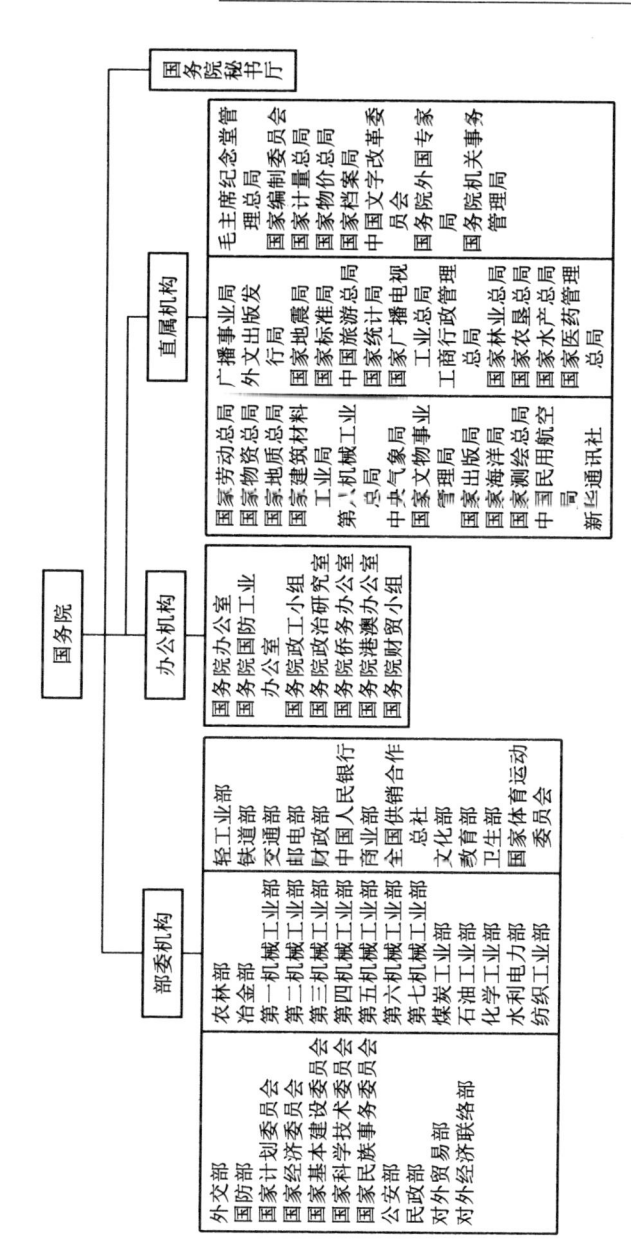

第四章　权力机构指称序列与社会的法治化

图 4-6　1978 年国务院组织机构图

国务院

- 国务院秘书厅

- **部委机构**
  - 外交部
  - 国防部
  - 国家计划委员会
  - 国家经济委员会
  - 国家基本建设委员会
  - 国家科学技术委员会
  - 国家民族事务委员会
  - 公安部
  - 民政部
  - 对外贸易部
  - 对外经济联络部
  - 农林部
  - 冶金部
  - 第一机械工业部
  - 第二机械工业部
  - 第三机械工业部
  - 第四机械工业部
  - 第五机械工业部
  - 第六机械工业部
  - 第七机械工业部
  - 煤炭工业部
  - 石油化学工业部
  - 水利电力部
  - 纺织工业部
  - 轻工业部
  - 铁道部
  - 交通部
  - 邮电部
  - 财政部
  - 中国人民银行
  - 商业部
  - 全国供销合作总社
  - 文化部
  - 教育部
  - 卫生部
  - 国家体育运动委员会

- **办公机构**
  - 国务院办公室
  - 国防工业办公室
  - 国务院政治工作小组
  - 国务院侨务办公室
  - 国务院港澳财贸小组

- **直属机构**
  - 毛主席纪念堂管理总局
  - 国家编制委员会
  - 国家计量总局
  - 国家物价总局
  - 国家档案局
  - 中国文字改革委员会
  - 国务院外国专家局
  - 国务院机关事务管理局
  - 广播事业局
  - 外文出版发行局
  - 国家地震局
  - 国家标准局
  - 中国旅游总局
  - 国家统计局
  - 国家广播电视工业总局
  - 工商行政管理总局
  - 国家林业总局
  - 国家农垦总局
  - 国家医药管理总局
  - 国家劳动总局
  - 国家物资总局
  - 国家地质总局
  - 国家建筑材料工业局
  - 第一机械工业部
  - 中央气象局
  - 国家文物事业管理局
  - 国家出版局
  - 国家海洋局
  - 国家测绘总局
  - 中国民用航空总局
  - 新华通讯社

组成部门发生变化,撤销石油化学工业部,新增国家经济委员会、国家科学技术委员会、国家民族事务委员会、民政部、石油工业部、化学工业部、纺织工业部、中国人民银行、全国供销合作总社。

国务院组成部门:

外交部,国防部,国家计划委员会,国家经济委员会,国家基本建设委员会,国家科学技术委员会,国家民族事务委员会,公安部,民政部,对外贸易部,对外经济联络部,农林部,冶金部,第一机械工业部,第二机械工业部,第三机械工业部,第四机械工业部,第五机械工业部,第六机械工业部,第七机械工业部,煤炭工业部,石油工业部,化学工业部,水利电力部,纺织工业部,轻工业部,铁道部,交通部,邮电部,财政部,中国人民银行,商业部,全国供销合作总社,文化部,教育部,卫生部,国家体育运动委员会。(37个)

(2) 1983年国务院组成单位序列。

根据1983年6月第六届全国人大一次会议后,国务院组成部门发生变化,撤销或划转国家基本建设委员会、对外经济联络部、农林部、第一机械工业部、第二机械工业部、第三机械工业部、第四机械工业部、第五机械工业部、第六机械工业部、第七机械工业部、供销总社;新增国家体制改革委员会、国防科学技术工业委员会、国家安全部、司法部、农牧渔业部、林业部、城乡建设环境保护部、地质矿产部、机械工业部、核工业部、航空工业部、电子工业部、兵器工业部、航天工业部、劳动人事部、新华通讯社、广播电视部、国家计划生育委员会、审计署。

国务院组成部门:

外交部,国防部,国家计划委员会,国家经济委员会,国家体制改革委员会,国家科学技术委员会,国防科学技术工业委员会,国家民族事务委员会,公安部,国家安全部,民政部,司法部,中国人民银行,商业部,对外经济贸易部,农牧渔业部,林业部,水利电力部,城乡建设环境保护部,地质矿产部,冶金工业部,机械工业部,核工业部,航空工业部,电子工业部,兵器工业部,航天工业部,煤炭工业部,石油工业部,化学工业部,纺织工业部,轻工业部,铁道部,交通部,邮电部,财政部,劳动人事部,文化部,新华通讯社,广播电视部,教育部,卫生部,国家体育运动委员会,国家计划生育委员会,审计署。(45个)

(3) 1988年国务院组成单位序列。

根据1988年4月9日通过的《第七届全国人民代表大会第七次会议关于国务院机构改革方案的决定》,国务院组成部门变化:

撤销:国家经济委员会、劳动人事部、煤炭工业部、石油工业部、核工业部、城乡建设环境保护部、航空工业部、航天工业部、水利电力部、兵器工业部、电子工业部、新华通讯社(转为事业单位)。

新增:监察部、人事部、劳动部、物资部、能源部、建设部、航空航天工业部、水利部。

国务院组成单位:

外交部,国防部,国家计划委员会,国家经济体制改革委员会,国家教育委员会,国家科学技术委员会,国防科学技术工业委员会,国家民族事务委员会,公安部,国家安全部,监察部,民政部,司法部,财政部,人事部,劳动部,地质矿产部,建设部,能源部,机械电子工业部,航空航天工业部,冶金工业部,化学工业部,轻工业部,铁道部,纺织工业部,交通部,邮电部,水利部,农业部,林业部,商业部,对外经济贸易合作

国务院

办公机构
- 国务院办公厅

部委机构
- 外交部
- 国防部
- 国家计划委员会
- 国家经济体制改革委员会
- 国家教育委员会
- 国家科学技术委员会
- 国防科学技术工业委员会
- 国家民族事务委员会
- 公安部
- 国家安全部
- 监察部
- 民政部
- 司法部
- 财政部
- 人事部
- 劳动部
- 地质矿产部
- 建设部
- 能源部
- 机械电子工业部
- 航空航天工业部
- 冶金工业部
- 化学工业部
- 轻工业部
- 铁道部
- 纺织工业部
- 交通部
- 邮电部
- 水利部
- 农业部
- 林业部
- 商业部
- 对外经济贸易合作部
- 物资部
- 文化部
- 广播电影电视部
- 卫生部
- 国家体育运动委员会
- 国家计划生育委员会
- 中国人民银行
- 审计署

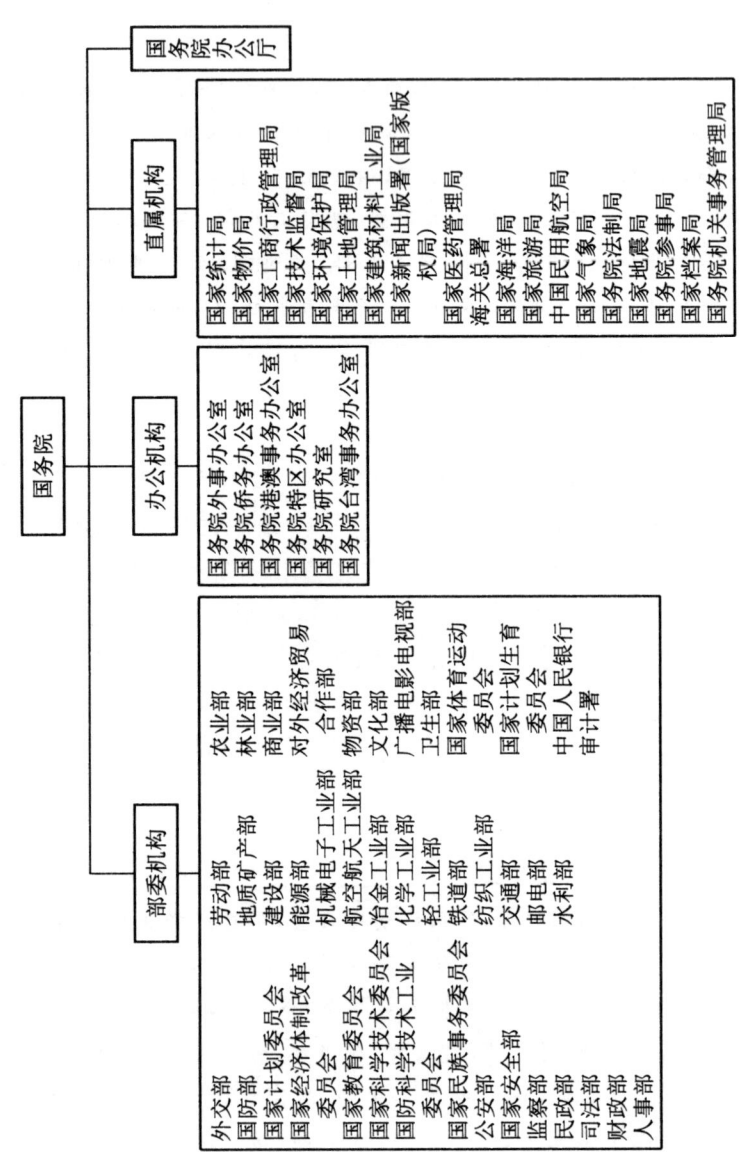

办公机构
- 国务院外事办公室
- 国务院侨务办公室
- 国务院港澳事务办公室
- 国务院特区办公室
- 国务院研究室
- 国务院台湾事务办公室

直属机构
- 国家统计局
- 国家物价局
- 国家工商行政管理局
- 国家技术监督局
- 国家环境保护局
- 国家土地管理局
- 国家建筑材料工业局
- 国家新闻出版署（国家版权局）
- 国家医药管理局
- 海关总署
- 国家海洋局
- 国家旅游局
- 中国民用航空局
- 国家气象局
- 国务院法制局
- 国家地震局
- 国务院参事局
- 国家档案局
- 国务院机关事务管理局

图 4-7　1988 年国务院组织机构图

部,物资部,文化部,广播电影电视部,卫生部,国家体育运动委员会,国家计划生育委员会,中国人民银行,审计署。(41个)

(4) 1993年国务院组成单位序列。
根据1993年3月22日《第八届全国人民代表大会第一次会议关于国务院机构改革方案的决定》,国务院组成部门变化:
撤销:能源部、机械电子工业部、航空航天工业部、轻工业部、纺织工业部、商业部、物资部;
新增:国家经济贸易委员会、电力工业部、煤炭工业部、机械工业部、电子工业部、国内贸易部。

国务院组成单位:
外交部,国防部,国家计划委员会,国家经济贸易委员会,国家经济体制改革委员会,国家教育委员会,国家科学技术委员会,国防科学技术工业委员会,国家民族事务委员会,公安部,国家安全部,监察部,民政部,司法部,财政部,人事部,劳动部,地质矿产部,建设部,电力工业部,煤炭工业部,机械工业部,电子工业部,冶金工业部,化学工业部,铁道部,交通部,邮电部,水利部,农业部,林业部,国内贸易部,对外贸易经济合作部,文化部,广播电影电视部,卫生部,国家体育运动委员会,国家计划生育委员会,中国人民银行,审计署。(40个)

(5) 1998年国务院组成单位序列。
根据1998年3月10日《第九届全国人民代表大会第一次会议关于国务院机构改革方案的决定》,国务院组成部门变化:
撤销:电力工业部、煤炭工业部、冶金工业部、机械工业部、电子工业部、化学工业部、国内贸易部、邮电部、劳动部、广播电影电

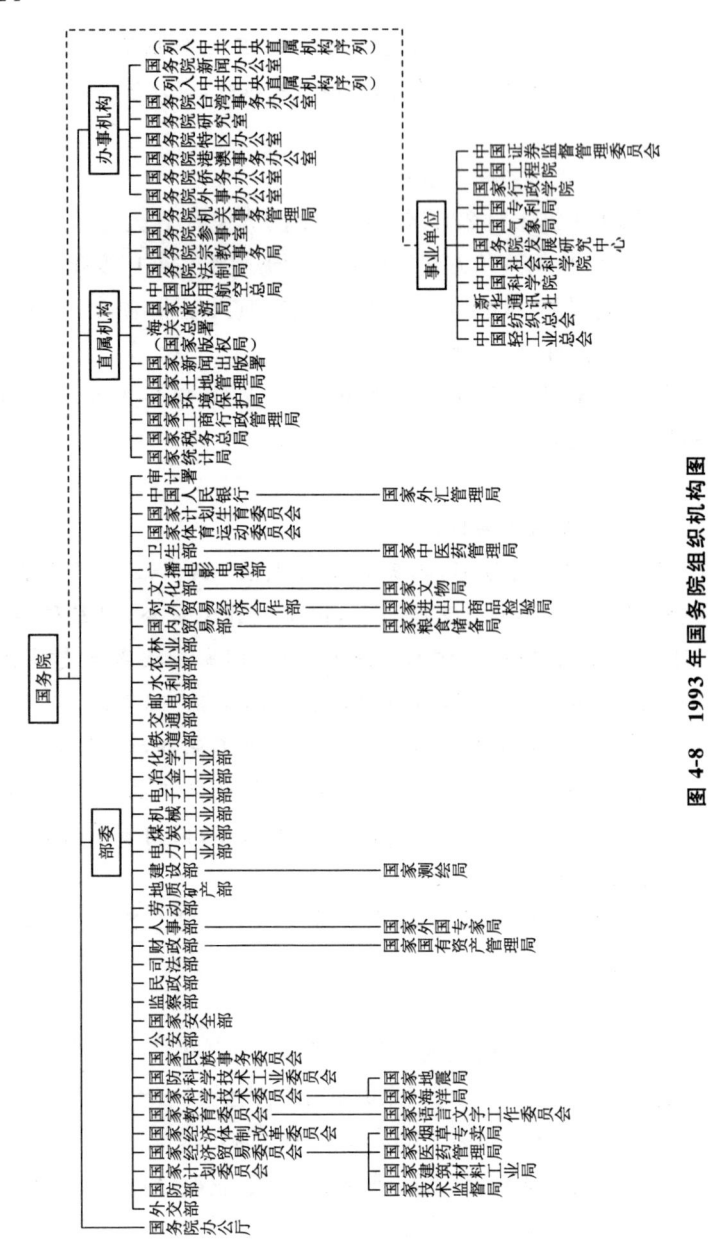

图 4-8 1993 年国务院组织机构图

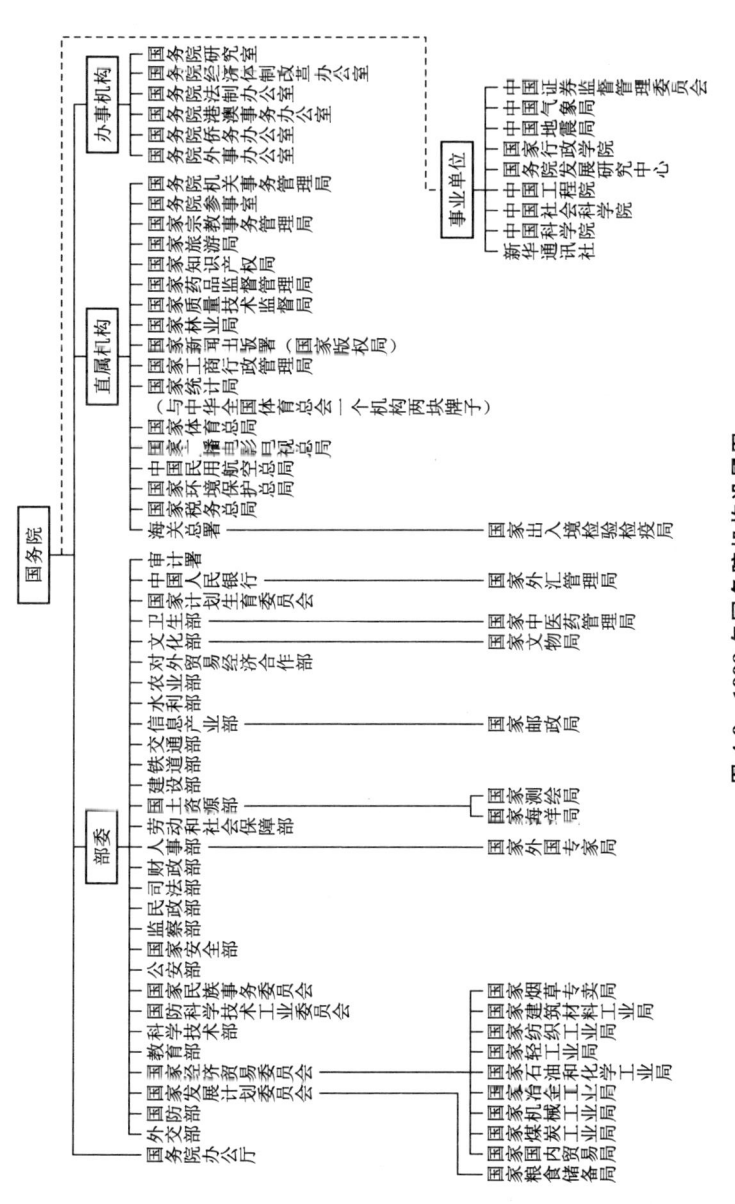

第四章 权力机构指称序列与社会的法治化

图 4-9 1998 年国务院机构设置图

视部、地质矿产部、林业部、国家体育运动委员会、国家经济体制改革委员会(改为议事协调机构)。

新增:信息产业部、劳动和社会保障部、国土资源部。

更名:国家计划委员会更名为国家发展计划委员会,国家科学技术委员会更名为科学技术部,国家教育委员会更名为教育部。

国务院组成单位:

外交部,国防部,国家发展计划委员会,国家经济贸易委员会,教育部,科学技术部,国防科学技术工业委员会,国家民族事务委员会,公安部,国家安全部,监察部,民政部,司法部,财政部,人事部,劳动和社会保障部,国土资源部,建设部,铁道部,交通部,信息产业部,水利部,农业部,对外贸易经济合作部,文化部,卫生部,国家计划生育委员会,中国人民银行,审计署。(29个)

(6) 2003年国务院组成单位序列。

根据2003年3月10日《第十届全国人大一次会议关于国务院机构改革方案的决定》,国务院组成部门变化:

撤销:国家经济贸易委员会、对外贸易经济合作部。

新增:商务部。

更名改组:国家发展计划委员会改组为国家发展和改革委员会,国家计划生育委员会更名为国家人口和计划生育委员会。

国务院组成单位:

外交部,国防部,国家发展和改革委员会,教育部,科学技术部,国防科学技术工业委员会,国家民族事务委员会,公安部,国家安全部,监察部,民政部,司法部,财政部,人事部,劳动和社会保障部,国土资源部,建设部,铁道部,交通部,信

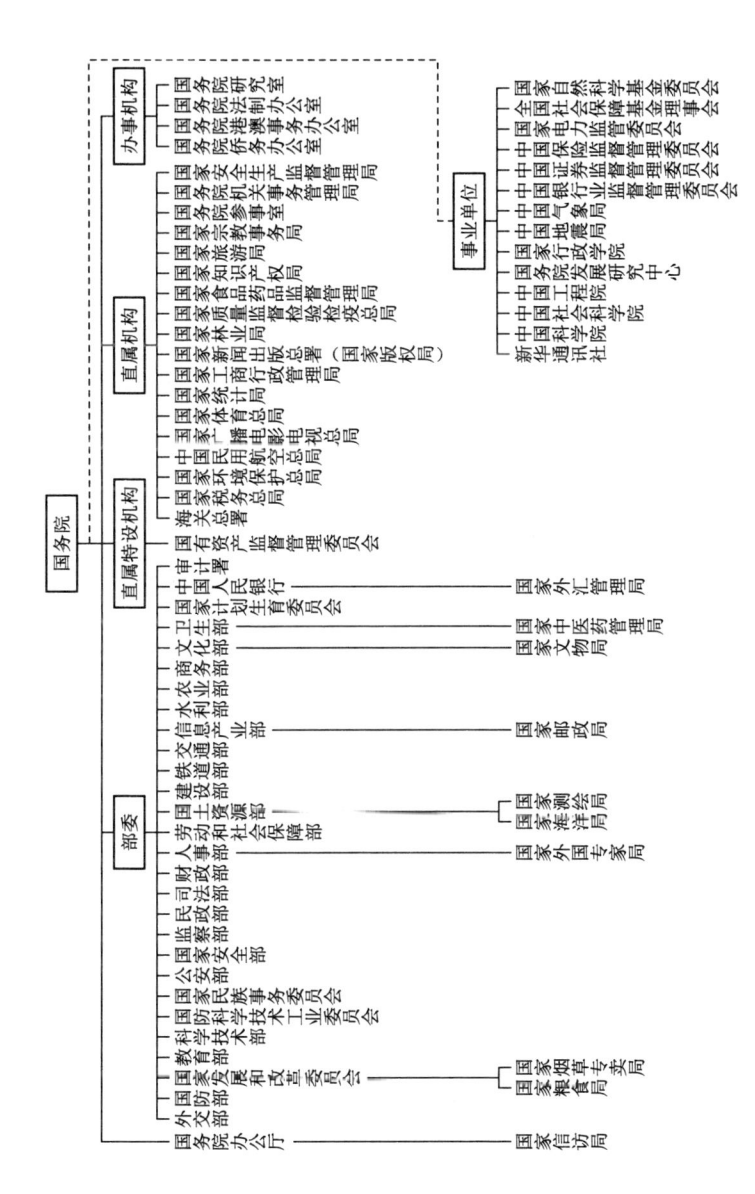

第四章 权力机构指称序列与社会的法治化

图 4-10 2003 年国务院机构设置图

息产业部,水利部,农业部,商务部,文化部,卫生部,国家计划生育委员会,中国人民银行,审计署。(28个)

(7) 2008年国务院组成单位序列。
2008年3月15日,第十一届全国人民代表大会第一次会议通过国务院机构改革方案,国务院组成部门变化:
撤销:信息产业部、国防科学技术工业委员会、人事部、劳动和社会保障部。
新增:工业和信息化部、人力资源和社会保障部、环保部。
改组:在原交通部基础上组建交通运输部,在建设部基础上组建住房和城乡建设部。

国务院组成单位:
外交部,国防部,国家发展和改革委员会,教育部,科学技术部,工业和信息化部,国家民族事务委员会,公安部,国家安全部,监察部,民政部,司法部,财政部,人力资源和社会保障部,国土资源部,环境保护部,住房和城乡建设部,交通运输部,铁道部,水利部,农业部,商务部,文化部,卫生部,国家人口和计划生育委员会,中国人民银行,审计署。(27个)

(8) 2013年国务院组成单位序列。
2013年3月14日,第十二届全国人民代表大会第一次会议通过国务院机构改革和职能转变方案,国务院组成部门变化:
撤销:铁道部、卫生部、国家计生委。
新增:国家卫生和计划生育委员会。
除国务院办公厅外,国务院设置组成部门25个:

外交部,国防部,国家发展和改革委员会,教育部,科学

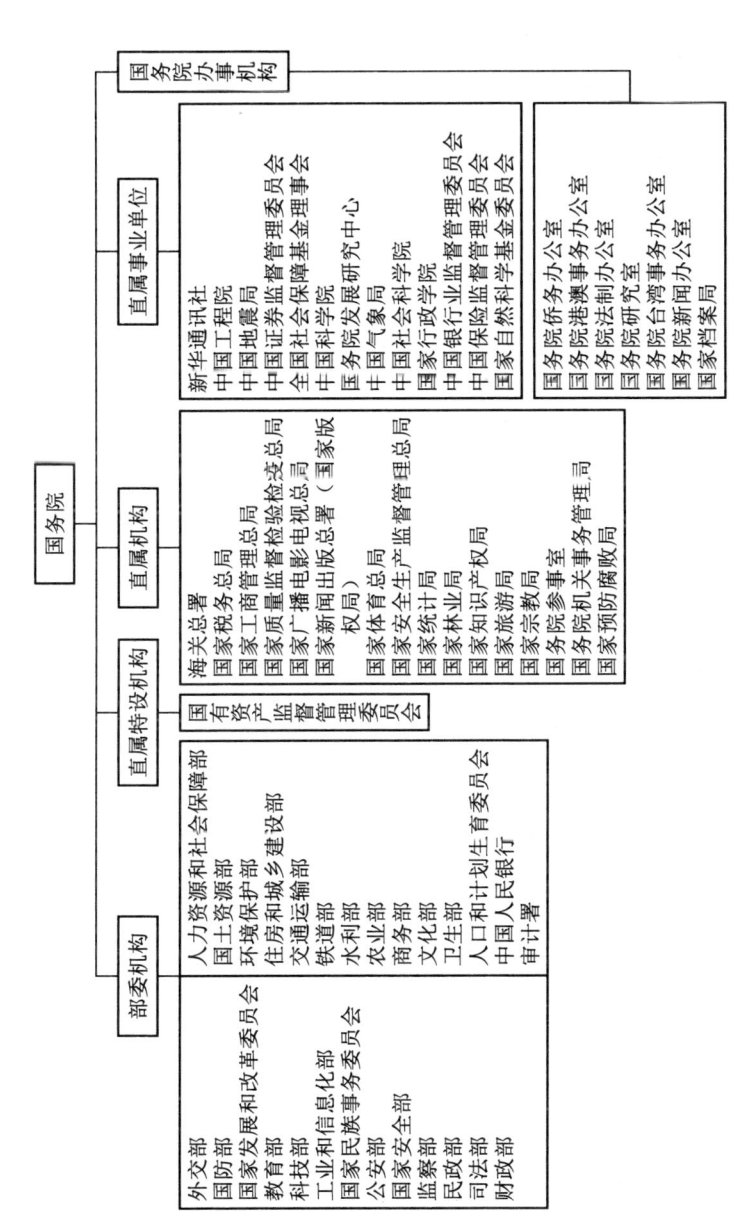

第四章 权力机构指称序列与社会的法治化

图 4-11　2008 年国务院组织机构图

国务院

- **部委机构**
  - 外交部
  - 国防部
  - 国家发展和改革委员会
  - 教育部
  - 科技部
  - 工业和信息化部
  - 国家民族事务委员会
  - 公安部
  - 国家安全部
  - 监察部
  - 民政部
  - 司法部
  - 财政部
  - 人力资源和社会保障部
  - 国土资源部
  - 环境保护部
  - 住房和城乡建设部
  - 交通运输部
  - 铁道部
  - 水利部
  - 农业部
  - 商务部
  - 文化部
  - 卫生部
  - 人口和计划生育委员会
  - 中国人民银行
  - 审计署

- **直属特设机构**
  - 国有资产监督管理委员会

- **直属机构**
  - 海关总署
  - 国家税务总局
  - 国家工商行政管理总局
  - 国家质量监督检验检疫总局
  - 国家广播电影电视总局
  - 国家新闻出版总署（国家版权局）
  - 国家体育总局
  - 国家安全生产监督管理总局
  - 国家统计局
  - 国家林业局
  - 国家知识产权局
  - 国家旅游局
  - 国家宗教事务局
  - 国务院参事室
  - 国务院机关事务管理局
  - 国家预防腐败局

- **直属事业单位**
  - 新华通讯社
  - 中国工程院
  - 中国地震局
  - 中国证券监督管理委员会
  - 全国社会保障基金理事会
  - 国务院发展研究中心
  - 中国气象局
  - 中国社会科学院
  - 国家行政学院
  - 中国银行业监督管理委员会
  - 中国保险监督管理委员会
  - 国家自然科学基金委员会

- **国务院办事机构**
  - 国务院侨务办公室
  - 国务院港澳事务办公室
  - 国务院法制办公室
  - 国务院研究室
  - 国务院台湾事务办公室
  - 国务院新闻办公室
  - 国家档案局

国务院组织结构

国务院办公厅

部委机构
- 外交部
- 国防部
- 教育部
- 科技部
- 工业和信息化部
- 国家民族事务委员会
- 公安部
- 国家安全部
- 监察部
- 司法部
- 财政部
- 人力资源和社会保障部
- 国土资源部
- 环境保护部
- 住房和城乡建设部
- 交通运输部
- 水利部
- 农业部
- 商务部
- 文化部
- 国家卫生和计划生育委员会
- 中国人民银行
- 审计署

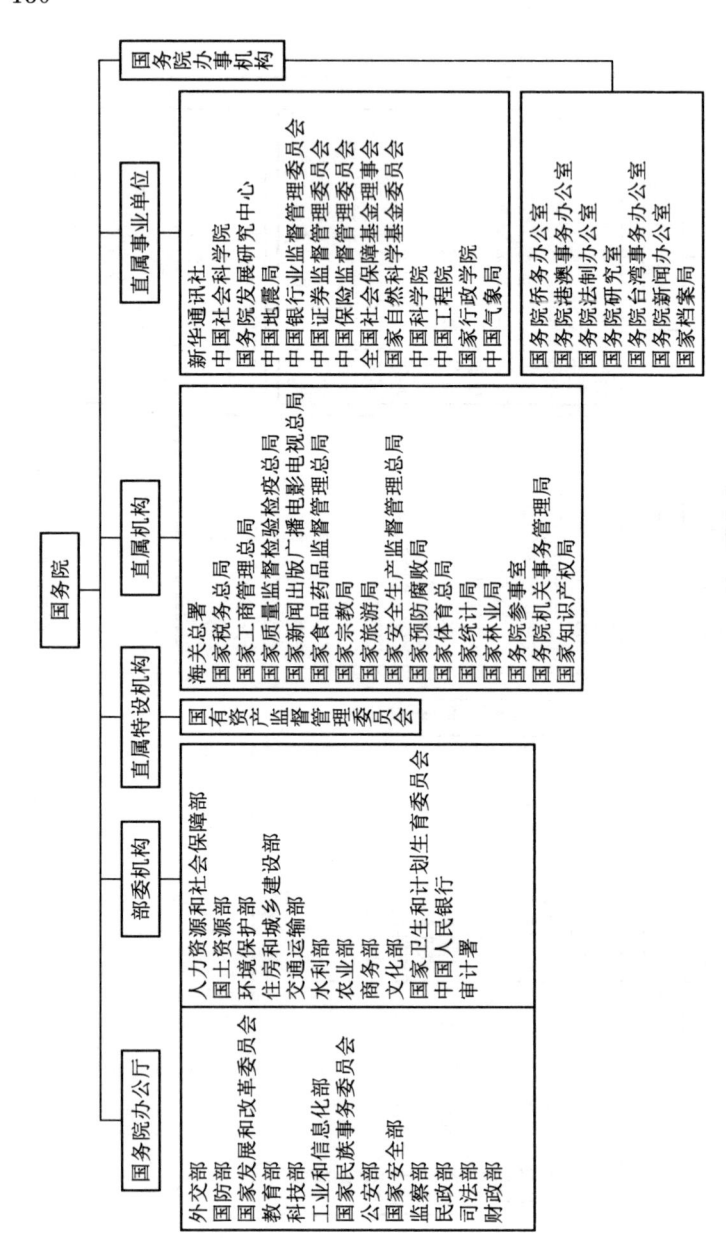

直属特设机构
- 国有资产监督管理委员会

直属机构
- 海关总署
- 国家税务总局
- 国家工商行政管理总局
- 国家质量监督检验检疫总局
- 国家新闻出版广播电影电视总局
- 国家食品药品监督管理总局
- 国家宗教局
- 国务院参事室
- 国家安全生产监督管理总局
- 国家预防腐败局
- 国家体育总局
- 国家统计局
- 国家林业局
- 国务院参事事务管理局
- 国家知识产权局

国务院办事机构
- 国务院侨务办公室
- 国务院港澳事务办公室
- 国务院法制研究室
- 国务院台湾事务办公室
- 国务院新闻办公室
- 国家档案局

直属事业单位
- 新华通讯社
- 中国社会科学院
- 国务院发展研究中心
- 中国地震局
- 中国证券业监督管理委员会
- 中国银行业监督管理委员会
- 中国保险监督管理委员会
- 全国社会保障基金理事会
- 国家自然科学基金委员会
- 中国科学院
- 中国工程院
- 国家行政学院
- 中国气象局

图 4-12 2013 年国务院组织机构图

技术部,工业和信息化部,国家民族事务委员会,公安部,国家安全部,监察部,民政部,司法部,财政部,人力资源和社会保障部,国土资源部,环境保护部,住房和城乡建设部,交通运输部,水利部,农业部,商务部,文化部,国家卫生和计划生育委员会,中国人民银行,审计署。(25个)

二、国务院组成部门指称序列的基本规律

从新中国成立到改革开放初期,国务院组成部门的变化较为剧烈,在届中亦多有调整,随着法治健全和机构设置本身日趋稳定,后来届中不再调整。本章主要以历届国务院组成部门进行综合分析,1956年和1970年集中变化较大,也单列出来。

纵观十二届国务院及其前身政务院组成部门指称序列的变化,可以看出以下特点,但其排列似乎并无一以贯之的可把握的单一规律和原则。

1. 部分序列体现重要性和稳定性特征

把重要的部门放在前面,是一条容易理解的原则。从1965年第三届开始,外交、国防、计划(发改)一直排前三,位序没变化,无疑是其地位重要性的体现。

外交、国防和经济发展是国家三大支柱。外交部门是在一个主权国家里执行外交政策、主管外交事务的专门性机构,代表国家维护国家主权、安全和利益,处理双边和多边外交事务等。国防部门是中央政府中负责掌管国防与军队事务的军事部门,在我国,一切需要由政府负责的军事工作,经国务院作出相应决定后,通过国防部或以国防部名义组织实施。经济发展特别是宏观经济调控是绝大多数国家政府的重要职能,在社会主义的中国,从计划经济到市场经济,从计委到发改委,该部门都是中央政府的核心组成部分之一,早期的国家计委一度与政务院并列,有"经济内阁"之称。

在1965年之前,内务部一直排名政务院/国务院组成部门首位。从字面意义和国外通则看,"内务"涵盖面极广,一般与"外交"并提,国外政府的内务部或内政部一般管理国内重要政务,如国内安全秩序、国土资源管理等。但新中国早期设立内务部从实际职能上综合了后来的民政部及部分公安、司法、安全部的职能,且其职能不断缩小,如户政工作于1955年划入公安部管理,1965年,内务部排名调到相对靠后位置,并于1969年撤销。1978年设立民政部,名正言顺负责民政工作。

2."部"与"委",并无"委先部后""委大部小"的规律

1982开始实施的《中华人民共和国国务院组织法》规定:国务院由总理、副总理、国务委员、各部部长、各委员会主任、审计长、秘书长组成。各部设部长一人,副部长二至四人。各委员会设主任一人,副主任二至四人,委员五至十人。各部、各委员会实行部长、主任负责制。

1997年开始实施的《国务院行政机构设置和编制管理条例》中说:国务院组成部门依法分别履行国务院基本的行政管理职能。国务院组成部门包括各部、各委员会、中国人民银行和审计署。

"部"与"委员会"同为国务院组成部门的主体,在法律法规和实际上的地位平等,部委并无本质区别,只略有不同,来自中编办的权威说法是:部委之间行政级别相同,以"部"命名的,特指国务院履行行政管理的组成部门;以"委"命名的,通常管理内容具有综合性,承担制定政策、规划、标准等职能。不过从各部委的职能介绍中可以看出,这一区别并不显著,无论部还是委,其主要职责几乎都包括制定政策、规划、标准的内容。这是两者职能上的同异。

从规模上看,一般认为委员会规模更大。但这一点仅体现在负责人配置层面,国务院组织法规定:"各部设部长一人,副部长

二至四人。各委员会设主任一人,副主任二至四人,委员五至十人。"至于总的规模同样是委,国家发改委有28个内设职能机构,而国家民委只有9个。而且,国家发改委规模再大,也没有大过公安部,公安部内部有30多个局。另外,尽管国家发改委管理着两个副部级的国家局(国家粮食局和国家能源局),但不少部也管理国家局,如工信部管理国家国防科工局,人保部管理国家公务员局,国土资源部管理国家海洋局、国家测绘地理信息局。

从决策机制看,一般认为委员会更强调集体决策。但《中华人民共和国国务院组织法》规定,"各部、各委员会实行部长、主任负责制",说明作为国务院组成部门的部、委在权力运行方面没有本质区别。不过"委"多出几个"委员",使得委员会的集体决策色彩相对浓一点。

从国务院组成部门排序本身来看,部、委之名交杂排列,部与委并不因其名称而分先后。由于部为多数,部与委员会并提时,一般都简称"部委",再加上人行、审计署,简称"部委行署"。

总之,同为国务院组成部门,部、委员会之间既无法律上的本质区别,在职能、规模、决策机制等方面也没有明显和清晰的区别。实际案例中,1985年,教育部更名国家教育委员会,1998年,再度改为教育部,由其职能调整中也看不出名称改变的原因。

但不少公众对部、委的认知仍有误区,多以为委大于部,或以为委为临时性质。这些误区受到如下因素影响:

其一,政务院时期设置过四个高于一般部委的委员会。1949年通过的《中央人民政府组织法》规定,政务院设政治法律委员会、财政经济委员会、文化教育委员会、人民监察委员会,与30个具体部委为指导和被指导关系。这四个委员会并非严格意义上的国务院组成部门,并于1954年撤销。

其二,许多高规格、跨部门的议事协调机构是以"委员会"为名。如国务院三峡工程建设委员会、国务院防治艾滋病工作委员会等,一般由总理或副总理担任委员会主任,但这些委员会并不是国务院组成部门。

其三,还有字面和理论意义上的影响。"委员会"听起来就大,像个决策机构,"部"听起来只是一个执行层面的"部门"。

公众的认知误区也折射出机构指称命名中存在一定的随意性,部、委的名称之异既无明文根据,又无实质区别。按理,国务院本身是全国人大的执行机关,其组成部门更是某一领域内的专门性执行部门,以部命名应是通则,若以委命名,应有更明确更充分的依据,且只能视为特例。

3. 部分序列按指称职能性质归类

在政治、财经、文教等大的领域,职能性质相近的组成部门往往排在一起,如外交、国防始终并列;教育部门、科技部门、国防科工委基本也排在一起,以前存在的大量工业行业管理部门同样归类排名。此外,公安、国安和监察,水利和农业等排序成组相续,体现了这一特点。

4. 少数序列按指称后缀类别进行

国务院组成部门主要有部、委、行、署四个名称。政务院时期,27个以"部"为名的部门在前,3个以"委员会"为名的部门在后。第七届之后,既不以"部"为名也不以"委员会"为名的中国人民银行、审计署排序在最后两位。这不能以部门的重要性来解释,而是按其名称类别来排序的方便之举。

5. 序列指称随时代要求而变化

发改委、工信部、人保部指称变化就可看出时代进步和政府转型的轨迹。从"计划委员会"到"发展计划委员会"再到"发展和改革委员会"的名称和职能变化,就反映了从计划经济到市场经济的转型,政府职能由微观经济管理转向宏观经济管理。以前大量的工业行业管理部门被撤销,工业行业和信息化管理职责统一划归新组建的工业和信息化部,既体现由微观经济管理到宏观调控的进步,也把握住了工业化与信息化融合的发展趋势。人事、劳动、社保三大块职能的合并,适应了市场经济环境下人力资源自由流动的需要,并强化了公共服务职能。

再比如,涉农部门的变化,就更具时代的特征。20世纪80年代初,农业率先改革,解决温饱是头等大事,农业备受重视,所以在1978年至1982年间国务院涉农部门变化较大。

1981年国务院组成机构与1978年相比,增加15个,其中撤销了水利电力部,增加了国家农业委员会,涉农部委有国家农业委员会、农垦部、水利部、农业机械部、粮食部等5个。

1982年国务院撤销了国家农业委员会,涉农部委为农牧渔业部、水利电力部、城乡建设环境保护部。

多年来出现过农业部、农垦部、粮食部、林垦部、林业部、农林部、水产部、农牧渔业部等多个部门,早期数个同时并存,确实与当时农业在国民经济中的基础地位是匹配的,随着工业和服务业地位的上升,农业部门逐步整合,现存农业部和脱离国务院组成部门序列的国家粮食局、国家林业局。随着农业现代化的进程和大部门制的进一步推进,农业、粮食、林业乃至水利部门等整合为"大农业部"在未来也不是没有可能的。

6. 序列指称组成整体呈递减之势

指称序列中某些职能限于单一生产或产业职能,或职能交叉性质相近的部门,成为序列中不稳定的指称。每一次国务院换届,都对机构设置进行改革,早期的说法是"精兵简政",但屡屡陷入"精简—膨胀—再精简—再膨胀"的怪圈。后期的机构改革则更注重与职能转变相结合。从第六届开始,国务院组成部门数量呈稳定下降趋势,由44个逐步减少到25个。

数量下降主要有两个原因,一是政企分开,直接撤销许多行业生产管理部门,如多个机械工业部门、多个能源工业部门转为国有企业;二是解决职能交叉、机构重叠问题,推行大部门制,合并同类项或近似项，如在信息产业部等机构合并为工信部，将人事部和劳保部合并为人保部，将铁道部并入交通运输部，将卫生和计生委合并为卫计委。

合并而来、职能明显扩大的新部门由于重要性提升，其排序也可能较原部门提升。如第十届的信息产业部排第20位，第十一届的工信部则提升到第6位。但人保部、卫计委排序较其所组建基础的原有部门并无变化。

总体上，随着部门数量的精简和政府职能转变的日趋到位，部门序列也越来越稳定。

分析本届25个组成部门及其历史沿革，具高度稳定性的部门有外交部、国防部、公安部、财政部、民委、人民银行等，它们的特点是职能性质明确且不随时代改变。民政部、国家安全部、审计署自设立之后起也未有过改变。

指称稳定性不高的典型是发改委、工信部、人保部，其职能、任务范围不断扩充、调整，其名称也一再改变，随着政府职能的进一步转变，还有变化的可能性。

具有潜在不稳定性的还有农业部、水利部、文化部、教育部、科技部等，其职能与其他部门机构有接近之处，最新一轮国务院机构改革前后，便有"大文化部""大农业部""大教科部"的呼声。

第四节　权力机构指称序列变革的思考

新闻语言中国家权力机构指称序列的变革，不但是中国社会法治化的最重要标记之一，同时也在潜移默化地形塑着中国社会的法治精神。

如从语言哲学和逻辑语义学来看，"公检法"中的"公""检""法"，纵向分别指代"公安部门""检察院""法院"，是非常明确的，但用三者组合后形成的复合的、固定的指称向公众传播后,不但会让人理解为"公检法"指代的是我国整个司法系统,且会理解成为"公检法"三者之间的关系定位。按一般话语表达原则和受众阅读理解习惯,"先者为大""先者为要",自然形成"公">"检">"法"的概念。

Dan Sperber 和 Deidre Wilson 在《关联性:交际与认知》(1986)一书中曾系统提出"语言交际活动涉及两种意图:信息意图和交际意图"的理论。依照这一理论,从新闻传播角度看,传播者使用语言符号实施传播,表明的是其传播这一传递信息的意图。用"公检法"这一错位的指称实施传播的意图是什么呢?结果会是什么呢?很显然,会让这种"公""检""法"错位的关联性,在受众中形成最大程度的错位的关联性认知,进而固化错位的理念。指称表达的不恰当组合和使用,都会造成受众认知与理解的阻碍和偏差,造成一种主观构建出来的"指称阻碍"。

根据宪法规定,国务院、法院、检察院是并列的,共同向人大负责。习近平在纪念现行宪法公布施行30周年大会上的讲话中多次强调捍卫宪法精神。意识形态渗透于语言的每一个角落。一定的意识形态总是以一定的语言为载体的。新闻的话语符号有助于巩固和重建现有的社会认知、社会关系和社会结构。如果我们有法制国家的意识并在指称序列上强化"法检"与"公、司、安"的序列概念,无疑有利于强化"法"为大的理念,这将极大地推进中国社会的现代化、民主化、法治化的进程。

中国新闻语言中权力机构的指称最大问题就是忽视宪法,主要体现在四个方面:

问题一:忽视宪法关于"国家最高权力机关是全国人民代表大会"的规定,把"政府"置于"人大"之上。

我国人大领导下的"一府两院"不同于西方国家的三权分立。按宪法规定,人大是权力机关,而不仅仅是立法机关,行政机关、审判机关、检察机关由其产生并对其负责。

人大的宪法权力主要有立法权、选举权、重大事项决定权和监督权。政府从属于人大的表现有：政府行为须遵循人大立法规定；政府负责人由人大选举（地方层面）或决定（中央层面，国家主席、副主席由全国人大选举产生，根据国家主席的提名，决定国务院总理的人选；根据国务院总理的提名，决定国务院副总理、国务委员、各部部长、各委员会主任、审计长、秘书长的人选）产生；政府负责人对人大作政府工作报告，政府重要工作受人大监督检查。

关于全国人大的地位及其与其他国家机构的关系问题，毛泽东曾作过生动的说明："我们的主席、总理都是由全国人民代表大会产生出来的，一定要服从全国人民代表大会，不能跳出如来佛的手掌。"但从20世纪50年代末开始，"如来佛"的地位和作用日渐受到削弱，逐渐被架空，以至多年有"橡皮图章"之说。

1954年宪法就曾规定，国务院要向全国人大负责并报告工作，但一届五次、二届二次、二届四次人大会议都没有审议国务院的政府工作报告。对国民经济和社会发展计划以及国家财政预算与决算的审议也很不规范。1961年和1962年的国民经济和社会发展计划及国家财政预、决算，都未经全国人大或其常务委员会审议。

改革开放以来，人大和政府的地位与职能日渐回归法定轨道，人大与政府的关系也逐渐理顺。人大相对于政府的权力机关地位越来越突出。如1992年，全国人大审议通过由国务院提请的兴建三峡工程的议案；2009年，全国人大常委会审议国务院关于四川汶川特大地震灾后重建工作情况的报告；2013年，全国人大代表赵冬苓领衔提议将征税权收归全国人大。这一过程仍在继续。

现实中，在人大负责人与行政机关负责人的排名序列中，一般根据党内位置排名，但就中国政体设立的法理来说，第一同等

第四章　权力机构指称序列与社会的法治化

条件下,人大负责人应当位前排序。同时应当将个人身份与机构序列区分,在"国务院、全国人大"机构同时出现时,应当以"全国人大、国务院"指称序列表述,并成为稳定的序列指称,这有利于彰显中国的政体。

报道中还时常出现"五大班子""六大班子"的并列指称表述,"五大班子"在其后面加一个军事机关(中央为中央军委,省级为军区,市级为军分区,县级为武装部)。"六大班子"则再加一个纪委。这给人以新的概括国家权力机构体系的印象,"五大班子"比"四大班子"多了一个军事机关,从宪法看,中央军事委员会的设置是宪法的规定,其成员由全国人大代表投票决定,无疑是国家顶层的权力机构。

而"六大班子"则多了一个纪委。这一指称序列说明了纪委的重要地位。纪委是中国共产党的机构。纪委管党的纪律,纪律关乎执政党政策方针路线的执行落实,纪委管党的廉政,廉政关乎执政党的生死存亡。纪委是确保党的领导干部和党员遵守党纪国法的主要屏障,在反腐形势严峻的今天,纪委的重要性日益突出。

在党的委员会与党的同级纪律检查委员会关系上,党章有关规定明确党委和纪委既具有从属关系,又具有一定意义上的并行关系,具有一定的独立性。社会上往往将纪委与组织、宣传、政法、统战等部门并列,视为党委领导下的一个工作部门。

根据党章规定,从属关系体现为:中央纪委在党中央领导下进行工作,地方和基层纪委在同级党委和上级纪委双重领导下进行工作。独立性体现为:党委和纪委都由党代会选举产生,对党代会作工作报告。纪委同时还担负对同级党委委员的监督工作。

纪委与行政监察部门合署办公,通常说法为"纪检监察部门"。纪检实为一级机关,监察则为行政机关的一个组成部门,合署办公是为党政衔接顺畅,不能因此把纪委也理解并表述为一个工作部门。监察部门正职一般由纪委副职兼任,也表明纪委地位高于监察部门。

党的十二大通过的党章,正式确认了纪委由同级党委和上级纪委双重领导的体制,去掉了此前以同级党委领导为主的字句。近年来,中央加大了直接调任省纪委书记的力度,纪委垂直管理的呼声也比较强烈。提高纪委的地位和独立性,仍是未来纪委改革的一个重要目标。

但从宪法确立的国家政体来说,纪委与党委、人大、政府、政协、军委平行成指称序列却是失当的。从宪法的各项条款中,并没有规定纪委的国家权力。通俗的理解,纪委比党委低半格,但比同级的组织、宣传等党委工作部门高半格。所以,纪委位列成"六大班子"并不具有法理依据,也并不利于对法制社会的理解和塑造。

问题二:忽视宪法关于"中国共产党"与"政府"角色的规定,混淆国家机关与政党的区别。

党政关系的相关提法也是值得特别注意的。中国共产党是中国的执政党,其领导地位已载入宪法,这是确定不移的,但执政党不等于政府,政府也不能等同执政党。媒体在表述时往往犯如下错误:只涉及党的活动,表述为"政府";涉及政府,表述为"党"或"党和政府";涉及党和政府,笼统地表述为"党"或"政府",这样容易给人带来党政不分、以党代政的印象。

问题三:忽视宪法关于"国家机关"的规定,混淆国家机关与行政部门的区别。

在政法(或泛义的司法)领域,长期流行"公检法"的概称。从上述分析可以看出,92.4%的新闻报道中使用的是"公检法"的序列表述,几乎成为一种固定序列。然而,这一指称的内涵逻辑却存在错误。

问题四:忽视宪法关于人大代表与政府官员地位的规定。

第四章 权力机构指称序列与社会的法治化

一些细致的指称及序列的应用，会潜移默化地改变公众的理念。我们全国人大、政协会议涉及指称的新闻用语，就可以感到其对民主法治国家的影响。

比如，新闻报道中会出现"普通代表""普通委员"的指称，传播者意在区别于有"官阶"指称的代表、委员。但是在两会召开的情景环境中，这种指称的表述，违背了代表、委员一律平等的法治精神。在代表、委员的指称序列中，无论身份高低，都应是一致的并列关系。身为全国人大代表、委员的党和国家领导人，在两会召开期间参加分组会议时，报道中宜使用"一起审议"，而不能说"听取代表、委员的汇报"，或"代表、委员向某某做了汇报"。有的代表、委员在审议和讨论《政府工作报告》发言时使用"学习""领会"等词汇，这与代表、委员指称下的职责不符，新闻报道应当避免。

此外，在不同指称序列下应用"权力"与"权利"是有本质区别的。权力是指政治上或职责范围内一定的强制力量或支配力量，一般指"公权"；"权利"一般指"私权"，一般用于个体，如"享有公民应有的××权利"。"权力"可构成"权力机关""权力部门"等词组，而"权利"则不能。人大代表所担负的职责就是依法赋予的，新闻报道中应使用"行使人民代表的权力"，而不要使用"行使人民代表的权利"。而在国家机关序列的行使权力，在报道中不可写成"行使权利"。由此，我们有如下建议：

一是根据宪法关于"国家最高权力机关是全国人民代表大会"的规定，建立"人大"居先的指称序列习惯。

二是根据宪法关于"国家机关"的规定，构建"国务院""法院""检察院"三院并列的指称序列，强化社会的法治意识。

三是根据宪法关于"国家机关"和"国务院组成部门"的规定，强化"法院""检察院"对于政府组成部门的"公安部"的优势地位，避免"公检法"并列的指称序列，避免"六大班子"之类的指称序列。

第五章

核心术语指称序列与思想的现代化
——中国新闻语言重要指称序列分析之三

"人总要有点精神的。"人之为人,人之非物,就在这一点。一个国家、一个民族、一个政党,亦复如是,必须要有自己的理想和信念,否则就是一盘散沙,走不出原始蒙昧野蛮的时代。

以儒学为核心的中国传统文化,保持了中国古代社会两千多年的大体稳定发展。由新教伦理发展出的资本主义精神,推动"资产阶级在它的不到一百年的阶级统治中所创造的生产力,比过去一切世代创造的全部生产力还要多,还要大"。没有理念就只能凭本能行动,理念不进步就只能原地打圈、停滞不前。与时俱进,才能锐意进取;凝聚共识,才能携手前行。

透过几组核心术语系列的变化,可以看到中国更深层次的时代进步和思想成熟:

从"以物为主"到"以人为本";

从效率优先到更加注重公平正义;

从强调国家、集体到与兼顾国家、集体和个人;

从强调义务、责任到权利义务对等;

从相对片面的单兵突进到全面协调可持续;

从相对封闭到不断开放;

从遵循革命纪律到法治下的自由选择。

……

执政党要进步,国家要富强,民族要复兴,公民要幸福,都离不开伟大的精神作支撑。只有当其能够表达时代特征、凝聚共同意志并引导民族进步,这一精神才堪称伟大。

第一节 中共指导思想核心术语指称序列分析

核心术语是一种具有特别意义的指称。在中国,对国家发展、社会进步具有特殊意义,或者说具有决定意义的核心术语,莫过于体现执政党——中国共产党指导思想的术语了。它反映了执政党对实践的认识以及用这些认识组织动员各种资源实现国家目标的意识集合。而透过这一核心术语序列的变化,可以集中地观察到中国主流思想的变化轨迹以及可能演进的方向。

中国共产党从其诞生之日起就努力始终以先进的科学的理论作为自己的指导思想:1921年中共一大,将"马克思列宁主义"作为党的指导思想;1945年中共七大将"毛泽东思想"确立为党的指导思想并写进党章;1997年中共十五大将"邓小平理论"确立为党的指导思想并写进党章;2002年中共十六大将"三个代表"重要思想确立为党的指导思想并写进党章;2012年中共十八大将"科学发展观"确立为党的指导思想并写进党章。

一、马列主义、毛泽东思想

笔者查阅了中共一大至六大通过和修订的党章,发现我党的指导思想在党章中未有明确的变化。

中共七大,刘少奇代表中共中央作了6万余字的《关于修改党章的报告》,对毛泽东思想的产生、发展过程以及其科学内涵作了全面的阐述。中共七大通过的党章在总纲中明确提出:

"中国共产党,以马克思列宁主义的理论与中国革命的实践之统一的思想——毛泽东思想,作为自己一切工作的指针,反对任何教条主义的或经验主义的偏向。"刘少奇说:"这是我们这次修改的党章一个最大的历史特点。"

从指导思想的核心术语看,是一个单一指称——毛泽东思想,尽管其前面附加了"以马克思列宁主义的理论与中国革命的实践之统一的思想"的前提。

八大是中共执政后召开的第一次全国代表大会。如何加强执政党的建设,克服主观主义、官僚主义、宗派主义和脱离实际、脱离群众、骄傲自满等错误倾向,是八大面临的一个新课题。将八大通过的党章与七大通过的党章比较,并没有根本原则上的不同,其基本精神是七大规定的关于党的工作各项原则的逻辑发展。然而,在具体内容上却有很多改变,其中包含一些带有原则性的改变,如,提出了全面建设社会主义的任务和实现现代化的目标等。

值得注意的是,党的八大及其修改的党章的指导思想中,没有提及"毛泽东思想"。党的指导思想的核心术语依然是单一指称,不过已从前次党章的"毛泽东思想"变为"马克思列宁主义"。

1969年4月1日至24日,中共九大召开,强调"中国共产党以马克思主义、列宁主义、毛泽东思想作为指导思想的理论基础",并指出,毛泽东思想是在帝国主义走向全面崩溃、社会主义走向全世界胜利的时代的马克思列宁主义。

此时,中共指导思想的核心术语形成了三项序列——"马克思主义""列宁主义""毛泽东思想"的并列组合。

根据《人民日报》语料库统计,第一次出现"马列主义、毛泽东思想"的是在1946年7月5日的文章中,并固化延续下来:

(1)一波同志检讨党的历史教训,每次发展后由于某些同志被胜利冲昏头脑,常使党遭受不应有的损失,警惕大家在党空前壮大的今天,要牢记毛泽东同志的指示:"谨慎、谦虚、戒骄、戒躁。"一波同志指示大家要深刻认识中国革命的长期性,努力学习<u>马列主义和毛泽东思想</u>,提高自己,准备将来。他最后声称:由于美国对国民党反动派错误的援助,目前形势已非常的紧张,复杂严重的斗争,已摆在我们面前,全党要警惕起来,不松懈也不急躁,加紧工作,争取全国和平民主的真正实现。(《人民日报》1946年7月5日)

(2) 许多主要负责干部没有以身作则,加强对干部学习的领导,借口"工作忙,没有时间"而不去认真学习,没有履行党章上所规定的义务,即党员应该不倦地学习<u>马列主义、毛泽东思想</u>基础,以提高自己的觉悟程度。(《人民日报》1948年11月26日)

(3) 工人,过去是被奴役、受压榨的奴隶,现在感觉自己是工厂的主人了!是新社会的主人了!这一心理、情感、精神的变化,不是千年未有的伟大的革命吗?这不是<u>马克思、列宁主义和毛泽东思想</u>的光辉的胜利吗?文艺工作者在这个领域内能发现无限的题材,能汲取无量的灵感,这还不非常明显吗?(《人民日报》1949年4月3日)

(4) 许多科学工作者为使科学研究工作能更好地为人民服务,正在热烈地学习<u>马列主义和毛泽东思想</u>,其中沈嘉瑞、亚宝三等三十三位科学工作者并参加了华北人民革命大学政治研究院的学习。(《人民日报》1950年7月23日)

二、邓小平理论

"文化大革命"结束后,中国人民重新面临向何处去的选择,求新求变意识高涨;疲于政治斗争,向往经济发展和生活改善;走出个人崇拜迷信,认识到民主和法治的价值。《实践是检验真理的唯一标准》的发表,代表着那个时代的思想解放的先声。

1992年10月中共十四大召开。十四大在党章修订中强调"中国共产党以马克思列宁主义、毛泽东思想作为自己的行动指南",但在党章中第一次提出了邓小平"建设有中国特色社会主义的理论"的概念。

在《人民日报》语料库中,第一次出现"邓小平建设有中国特色社会主义理论"是1992年9月26日:

(5) 十四大代表、宝钢党委书记朱尔沛说,十四大的召开举世瞩目,三万多名宝钢职工满怀信心,热切期望大会在<u>邓小平建设有中国特色社会主义理论</u>指导下,统一全党认识,转变观念,坚持党的基本路线不动摇。(《人民日报》1992年9月26日)

第一次出现"邓小平理论"是1992年10月20日:

(6) 香港《新晚报》发表言论指出,十四大之所以举世瞩目,是因为十四大确立了<u>邓小平理论</u>的指导地位。<u>邓小平理论</u>的确立,成为指导中共全党乃至全国的理论基础。邓小平的理论内容丰富,其中包括了"一国两制"的构想。在他的理论指导下,港人对本港的平稳顺利回归祖国,保持和发展繁荣,应当更具有信心。(《人民日报》1992年10月20日)

第一次将"马列主义、毛泽东思想"与"邓小平理论"并列的是下面的文章:

(7) 思想道德建设要通过多种形式,依靠多种手段,并注意集中力量解决一些突出问题。当前,要搞好社会主义市场经济条件下的思想道德建设,必须充分运用好教育和法律两个手段。重视思想教育,重视思想政治工作,无论过去、现在都是我们党的政治优势。在新的历史条件下,我们要加强和改进思想教育工作，坚持不懈地用马列主义、毛泽东思想、邓小平理论武装广大干部群众的头脑。(《人民日报》1996年8月20日)

1997年9月12日至18日，中共十五大对党章进行修改，把邓小平理论与马克思列宁主义、毛泽东思想并列成为中国共产党的行动指南。

(8) 他认真学习马列主义毛泽东思想和邓小平理论，坚决贯彻执行党的十一届三中全会以来的路线方针政策，衷心拥护以江泽民同志为核心的党的第三代领导集体。他以共产党人的高尚品质和无产阶级革命家的高风亮节，身体力行实践了为共产主义奋斗终生的誓言。(《人民日报》1997年11月21日)

这反映中共指导思想的核心术语由十二大形成的两项序列——"马克思列宁主义""毛泽东思想"的并列组合，变成了三项并列组合——"马克思列宁主义""毛泽东思想""邓小平理论"。

三、"三个代表"重要思想

十三届四中全会以后，以江泽民为主要代表的中国共产党人，在建设中国特色社会主义的实践中，形成了"三个代表"重要思想。

在《人民日报》中，第一次出现"三个代表"是2000年3月5日。

(9) 经济基础决定上层建筑，"三个代表"中，首要的是做先进生产力发展要求的代表。有了先进的生产力，又有先进的社会制度,就能创造更多更好的物质财富和精神财富,就能在不同国家不同力量的竞争中站稳脚跟、走在前面,就能更有力量地提高综合国力。我们党的一切奋斗,归根到底都是为了解放和发展生产力,党的一切方针政策都要最终促进生产力的不断发展,促进国家经济实力的不断增强和人民生活水平的不断提高,从而更好地代表人民的根本利益。(《人民日报》2000年3月5日)

(10)代表先进生产力发展要求、代表先进文化前进方向、代表最广大人民的根本利益,这三者是密切相关、辩证统一的整体,体现了社会主义的本质要求,贯穿其中的是代表最广大人民的根本利益。我们要认真领会江泽民同志关于"**三个代表**"的讲话,通过发展生产力、发展和繁荣有中国特色社会主义文化,不断提高人民群众的物质文化生活水平,更有成效地为人民服务。(《人民日报》2000年3月9日)

2002年11月,中共十六大通过了关于《中国共产党章程(修正案)》的决议,把"三个代表"重要思想作为党的指导思想写入总纲部分。

但笔者翻阅了《人民日报》语料库中关于"三个代表"的所有指称序列,并没有发现我们经常说的"马列主义、毛泽东思想、邓小平理论、三个代表",而是"'三个代表'重要思想同马克思列宁主义、毛泽东思想、邓小平理论一起":

(11)丁关根指出,"三个代表"重要思想是我们党的立党之本、执政之基、力量之源,是十六大报告的主线和灵魂。把"**三个代表**"重要思想同马克思列宁主义、毛泽东思想、邓小平理论一起,确立为党必须长期坚持的指导思想,是党的十六大的历史性贡献。要坚持解放思想,实事求是,与时俱进,用发展着的马克思主义指导新的实践。要把发展作为党执政兴国的第一要务,集中精力把经济搞上去。要坚持先进文化的前进方向,把弘扬和培育民族精神作为文化建设的极为重要的任务。要认认真真、扎扎实实加强党的建设,不断增强党的创造力、凝聚力、战斗力,使党在建设中国特色社会主义的伟大历史进程中始终保持强大的生机。(《人民日报》2002年11月10日)

(12)"三个代表"重要思想,与马列主义、毛泽东思想、邓小平理论一脉相承,是我们党80多年历史经验的科学总结,是加强和改进党的建设、推进社会主义制度自我完善和发展的强大理论武器。(《人民日报》2002年11月11日)

(13)把全面贯彻"三个代表"重要思想作为报告的灵魂是极为深刻的。"三个代表"重要思想与马列主义、毛泽东思想、邓小平理论共同成为全党的指导思想,为全面建设小康社会提供了强大的思想武器和行动指南。"三个代表"重要思想产生于国力强盛、政通人和的时代,产生于新中国历史上发展的最好时期、前所未有的繁荣时期,"三个代表"是这个繁荣时期的实践总结,又是促进进一步繁荣昌盛的根本保证。(《人民日报》2002年11月12日)

中共指导思想的核心术语也由十四大形成的"三项序列"并列组合变成了"四项序列"——"马克思列宁主义""毛泽东思想""邓小平理论"" '三个代表'重要思想"。

四、科学发展观

十六大以来,以胡锦涛同志为主要代表的中国共产党人,形成了以人为本、全面协调可持续发展的科学发展观。

在《人民日报》语料库中,第一次出现"科学发展观"的是下面的报道：

> (14) 胡锦涛指出，各级领导干部一定要深刻认识发展是党执政兴国的第一要务这个重大命题，切实把第一要务抓紧、抓实、抓好。要牢固树立协调发展、全面发展、可持续发展的**科学发展观**，积极探索符合实际的发展新路子，进一步完善社会主义市场经济体制。(《人民日报》2003年9月3日)

在"科学发展观"出现以后，党的指导思想指称序列出现了微小的变化，在《人民日报》中，经常出现的是"邓小平理论、'三个代表'重要思想和科学发展观"：

> (15) 中共中央政治局委员、北京市委书记刘淇在参加北京代表团审议时说，政府工作报告突出了两个特点：一是求真务实，二是以人为本、全面落实科学发展观。去年的工作是**邓小平理论、"三个代表"重要思想和科学发展观**不断得到学习、贯彻、落实的结果。(《人民日报》2005年3月7日)

> (16) 曾庆红强调，在新的一年，要以"迎接十七大胜利召开和学习贯彻十七大精神"为主线，扎扎实实做好党的组织工作。要以深入学习**邓小平理论、"三个代表"重要思想和科学发展观**等重大战略思想为重点，进一步抓好党员干部的理论武装工作；要以体现先进性和代表性为出发点，认真做好党的十七大代表选举工作。(《人民日报》2006年12月4日)

> (17) **邓小平理论、"三个代表"重要思想和科学发展观**等重大战略思想，构成中国特色社会主义理论体系的主体内容，但是这一理论体系没有终结，也不会停滞。"实践永无止境，创新永无止境"。中国特色社会主义理论体系必将随着

时代的前进和实践的发展而不断发展。牢牢把握开放性,是深刻理解中国特色社会主义理论体系的前提。(《人民日报》2008年1月2日)

新修订的《中国共产党党章》在强调党的建设"必须坚决实现的四项基本要求"的首条,明确提出"全党要用邓小平理论、'三个代表'重要思想、科学发展观和党的基本路线统一思想,统一行动,并且毫不动摇地长期坚持下去"。2013年3月8日在召开的十二届全国人大一次会议上,吴邦国代表全国人大常务委员会做工作报告,也用了"以邓小平理论、'三个代表'重要思想、科学发展观为指导"。这意味着形成了一个新的三项核心术语序列构成的"必须坚决实现"的首位要求。

2012年十八大则进一步在党章中把科学发展观提升到与马克思列宁主义、毛泽东思想、邓小平理论、"三个代表"重要思想并列的"行动指南"的地位。

中共指导思想的核心术语因此由十六大形成的"四项序列"并列组合变成了"五项序列"——"马克思列宁主义""毛泽东思想""邓小平理论""'三个代表'重要思想""科学发展观"。

这种核心术语序列的变化与构建具有深刻的价值内涵,不能视作为实现简略表达而进行的技术性调整。

显然,新的三项序列并不是为了将指导思想的表述简约化。它没有采取一般语用学原则,而是截取改革开放以后形成的三项思想理论进行并列组合。这种反常规意义的"省略",体现了中国共产党人所具备并展现出的与时俱进的灵活性和务实性,更强调的是从当代社会实践升华出的思想理论,指导和推动国家的发展和社会的进步。这种主观上的、有意识的序列项目的选择,是一种具有时代意义的变化,反映出中共更加注重马列主义中国化的探索,并可视作中共思想意识的现代化。

Dan Sperber 和 Deidre Wilson 在《关联性：交际与认知》(1986)一书中系统阐述了有关人类交际活动的总原则——关联原则，包括关联的认知原则——人类认知倾向于同最大程度的关联性相吻合；关联的交际原则——每一个话语(或推理交际的其他行为)都应设想为话语或行为本身具备最佳的关联性。其中交际原则以认知原则为基础，而认知原则却可预测人们的认知行为，足以对交际产生导向作用。人类的认知是以关联性为取向的，其程度的强弱取决于两个因素之间的关系，即所取得的语境效果和处理话语所付出的努力。他们认为，只有在两者间达到合理的平衡时，话语所提供的信息才被认为具有关联性，但使话语引起听者关注和处理的并不是最大关联性而是最佳关联性。对于交际者来说，要想取得交际的成功，实现其交际意图，必须寻求一种最佳关联。

依据 Dan Sperber 和 Deidre Wilson 的关联性理论，可以看出，从十四大到十八大的这段时期，在经济、社会、政治、文化、生态等文明生活的建设中，直接发生作用的是邓小平理论、"三个代表"重要思想、科学发展观的三项核心术语序列。从思想理论与当下社会的关联性来说，越是后面的，越应具备时代性、贴近性，对受众来说越有关联性，因此也越显重要。五项核心术语序列虽属于按时间排序的序列，但同时更是一个重要性项目序列。但重要性序列是不可能把最重要的项目省略的。这样，由最正式文本中的"五项并列"到日常的"三项并列"其实也是一种基于关联性的对"重要性"的重新考量，体现了中国共产党越来越强烈的务实性和灵活性。

第二节　国家建设目标核心术语指称序列分析

我国的国家建设目标可以用"四个现代化"的概念来概括。四个现代化的概念，在中国几乎家喻户晓。它由四个并列指称构成,但不同时期的四个并列指称是不同的。观察这四个并列指称的变化,可以看到不同历史时期中国的阶段性特征以及对现代化的理解与追求的变化。

一、工业、农业、交通运输业、国防并列指称的四个现代化

以"工业、农业、交通运输业、国防"为指称序列的四个现代化出现在1954年到1975年间。

1954年召开的第一届全国人民代表大会,周恩来在"政府工作报告"中第一次明确地提出要实现工业、农业、交通运输业和国防的四个现代化的任务,1956年又把这一任务列入党的八大所通过的党章中。

(18) 化学工业……它已经日益成为促进<u>工业、农业、交通运输业、国防</u>、科学发展的重要因素,它已经成为提高人民生活的重要因素。由此可见,我们不能孤立地去理解化学工业,而应该把它看作是整个经济战线中一个极为重要的战线。(《人民日报》1958年5月29日)

(19) 我国综合利用木材的林产工业已初具规模,生产的各种人造板和上百种木材加工品、林产化工品等产品,已成为<u>工业、农业、交通运输业、国防建设</u>以及人民生活中不可缺少的重要物资。(《人民日报》1975年8月27日)

但应当说明的有两点:

第一,那个阶段,这个"四个现代化"是作为"任务"提出来的,并未明确提升到国家战略发展目标的高度。这四个现代化都是指经济建设和物质技术文明层面的现代化。按马克思主义经典理论,经济基础决定上层建筑,上层建筑对经济基础有反作用。在中国共产党看来,当时中国已建立了先进的上层建筑,主要工

作就是尽快补足经济基础这块短板。

第二,在这个"四个现代化"中,"工业化"不仅居于首位,更是中心任务所在,"四个现代化"可视为对当时中国迫切需要的"社会主义工业化"大主题下的一种扩展阐释,从这一序列中的工业、交通运输业两个指称并列即可看出。

二、农业、工业、国防、科学技术并列指称的四个现代化

1964年12月第三届全国人民代表大会第一次会议上,周恩来根据毛泽东建议,在"政府工作报告"中首次提出,在20世纪内,把中国建设成为一个具有现代农业、现代工业、现代国防和现代科学技术的社会主义强国。

(20)聂荣臻副总理说,发展科学技术是我国社会主义建设的一个重要组成部分;把我国建成社会主义强国,实现<u>农业、工业、国防和科学技术</u>四个现代化,关键在于科学技术现代化。(《人民日报》1963年2月22日)

(21)这支队伍要革命化,永远忠于党、忠于人民,忠于共产主义事业,全心全意为社会主义建设服务;同时,又掌握先进的现代科学技术,具有优良的科学态度和工作作风,能够切实地、出色地解决我国<u>农业、工业、国防和科学技术现代化</u>中一系列的科学技术问题。(《人民日报》1963年7月15日)

(22)我国人民将在以华国锋主席为首的党中央领导下,以阶级斗争为纲,坚持毛主席的革命路线,坚持无产阶级专政下的继续革命,抓革命,促生产,促工作,促战备,为实现毛主席生前的宏伟规划,在本世纪内把我国建设成为在<u>农业、工业、国防和科学技术</u>方面现代化的强大社会主义国家而努力奋斗。(《人民日报》1976年11月26日)

与1954年的四个指称并列的四个现代化序列相比,有三个变化:(1)用"科学技术现代化"替代了"交通运输业现代化"。这显得更为合理。交通运输只是一个行业,而科学技术则是实现现代化的关键性和基础性因素。(2)"农业"置于"工业"之前居于首位,表明对国情和现代化建设规律认识的深化。特别值得一提的是,此后,全党正式确立了"以农业为基础,以工业为主导"的发展国民经济总方针。(3)国防在序列中的排序从第四移至第三。

至此,完善起来的"四个现代化",正式成为国家较长时期内的战略发展目标,成为"社会主义强国"的稳定内涵和集中体现。

改革开放开启中国历史新进程,以邓小平为代表的中国共产党人接过了实现"四个现代化"目标的接力棒。1978年12月的十一届三中全会指出:"把全党工作的着重点和全国人民的注意力转移到社会主义现代化建设上来。这对于实现国民经济三年、八年规划和二十三年设想,实现农业、工业、国防和科学技术的现代化,巩固我国的无产阶级专政,具有重大意义。"随后,邓小平指出:"我们党在现阶段的政治路线,概括地说,就是一心一意地搞四个现代化。""四化"成为社会发展总目标。

三、工业化、信息化、城镇化、农业现代化并列指称的新四化

改革开放重启"四个现代化"三十多年之后,又一个"四化"序列出现。

2012年党的十八大报告提出:坚持走中国特色新型工业化、信息化、城镇化、农业现代化道路,推动信息化和工业化深度融合、工业化和城镇化良性互动、城镇化和农业现代化相互协调,促进工业化、信息化、城镇化、农业现代化同步发展。

(23)推进中国特色社会主义事业,关系国家前途、民族

命运和人民幸福。深刻把握推进中国特色社会主义事业的重大部署,关键要在实践中使之得到全面贯彻落实。在经济建设方面,要坚持以科学发展为主题,以加快转变经济发展方式为主线,推动**工业化、信息化、城镇化、农业现代化**同步发展。(《人民日报》2012年8月6日)

(24) 中国现代化已进入攻坚克难的后半程。十八大报告提出,坚持走中国特色新型**工业化、信息化、城镇化、农业现代化**道路,推动信息化和工业化深度融合、工业化和城镇化良性互动、城镇化和农业现代化相互协调,促进工业化、信息化、城镇化、农业现代化同步发展。(《人民日报》2012年11月11日)

工业化、信息化、城镇化、农业现代化成为一个新的并列指称序列。对"新四化"与"四个现代化"的关系,李克强2013年1月15日在国家粮食局科学研究院考察调研时说,上个世纪"实现四化"的口号曾经激励了千千万万的中国民众,而今我们大力推动的,是新型工业化、信息化、城镇化和农业现代化的"新四化"。

(25) 李克强指出,解决好农业和粮食问题,要放在发展的全局中来统筹。**工业化、信息化、城镇化、农业现代化**,是实现我国现代化的基本途径,这"新四化"相互联系、相互促进。(《人民日报》2013年1月15日)

"新四化"之间是有机联系、融合集成的关系,较之以前的"四个现代化"做法,"新四化"在发展理念上从"以物为主"向"以人为本"转变。李克强在阐述"新四化"时特别强调"人"的因素,指出未来中国城镇化的核心将是"人"的城镇化,以提高"人"的生活质量造福百姓、富裕农民。与此同时,工业化突出节能环保,信息化突出智慧城市,农业现代化追求食品更安全,也都是科学发展观、以人为本理念的体现。正如李克强的"推进'新四化'是现代化的必由之路",过去的"四个现代化"强调的是发展目标,而"新四化"则属发展路径。

第三节 社会发展目标核心术语指称序列分析

一、"民主""文明"两项并列核心术语序列

从中华人民共和国成立到改革开放前期,在描述社会主义现代化国家目标时,多用"四个现代化"。随着现代化建设实践的推进和人们期望水平的提高,"四个现代化"作为发展目标的局限性为越来越多的人认识到,用后来的提法来说,"四个现代化"只涉及物质文明,而未涉及精神文明和政治文明,只涉及经济层面而未涉及经济政治社会文化发展的全局。

1979年中华人民共和国成立30周年的时候,叶剑英就在国庆庆典讲话中指出,我们所说的四个现代化,是实现现代化的四个方面,并不是说现代化的事业只以这四个方面为限。他说,改革和完善社会主义制度,发扬社会主义民主,健全社会主义法制,建设社会主义精神文明,"这些都是我们社会主义现代化的重要目标,也是实现四个现代化的必要条件"。

在1980年1月《目前的形势与任务》讲话中,邓小平指出:"现代化建设的任务是多方面的,各个方面需要综合平衡,不能单打一。"

1981年中共十一届六中全会通过的《关于建国以来党的若干历史问题的决议》,在继续强调四化建设乃是"我们党在新的历史时期的奋斗目标"的同时,提出"逐步建设高度民主的社会主义政治制度,是社会主义革命的根本任务之一","社会主义必须具有

高度的精神文明"。"高度民主""高度文明"被纳入社会主义现代化建设的目标体系。

1982年,党的十二大提出党在新时期的总任务是:"团结全国各族人民,自力更生,艰苦奋斗,逐步实现工业、农业、国防和科学技术现代化,把我国建设成为高度文明、高度民主的社会主义国家。""高度文明、高度民主"作为定语,成为社会主义现代化国家的目标和内涵。

二、富强、民主、文明三项并列核心术语序列

1987年党的十三大正式提出"为把我国建设成为富强、民主、文明的社会主义现代化强国而奋斗"的宏伟目标,从而富强、民主、文明三项并列指称序列的国家追求正式取代了过去一直使用过的四个现代化奋斗目标的核心术语序列。有党内文献研究专家指出,从十三大以后,"四个现代化"的概念开始逐步淡出人们的记忆。①

> (26) 在中国共产党领导下,全国人民艰苦奋斗,建立了独立的比较完整的工业体系和国民经济体系,取得了旧中国根本不可能取得的巨大成就,为我们建设富强、民主、文明的现代化的社会主义国家奠定了必不可少的物质基础。(《人民日报》1984年10月21日)
>
> (27) 在党中央的领导下,发扬自力更生、艰苦奋斗、勤俭建国的精神,为改革大业和四化宏图的成功,为建设富强、民主、文明的社会主义现代化国家,进行更加顽强的卓有成效的斗争。(《人民日报》1987年11月25日)

---

① 唐洲雁:《"富强民主文明和谐"的国家目标》,《瞭望》2010年第7期。

同样在党的十三大上,邓小平提出的"三步走"发展战略得以确认,其目标指向为:"到下个世纪中叶,人均国民生产总值达到中等发达国家水平,人民生活比较富裕,基本实现现代化。"与"四个现代化"直接作为现代化发展目标不同,"三步走"战略所指向的现代化目标既用国民生产总值经济指标来衡量,又落实到"人民生活比较富裕"上面,将生产建设与人民生活、速度与效益统一起来。

富强、民主、文明直接对应着经济建设/物质文明、政治建设/政治文明、文化建设/精神文明范畴。1997年党的十五大强调:"围绕建设富强民主文明的社会主义现代化国家的目标,进一步明确什么是社会主义初级阶段有中国特色社会主义的经济、政治和文化,怎样建设这样的经济、政治和文化,是必要的。"

从经济和物质层面的"四个现代化",到富强、民主、文明,表明中国共产党对中国特色社会主义现代化国家目标的认识越来越全面、越来越具体、越来越深入、越来越符合国情民情世情。事实上,在市场经济改革中,人们对政治权利、精神信仰的追求也越来越重视起来。

三、富强、民主、文明、和谐四项并列核心术语序列

《人民日报》于2005年3月18日首次提出"富强、民主、文明、和谐四位一体的社会主义社会"这一表述。2006年,中共十六届六中全会作出了《关于构建社会主义和谐社会若干重大问题的决定》,明确提出当前和今后一个时期构建社会主义和谐社会的指导思想、目标任务、工作原则和重大部署,进一步明确了构建社会主义和谐社会在中国特色社会主义事业总体布局中的地位,在中央文件中提到了"富强、民主、文明、和谐的社会主义现代化国家"的概念。

这是社会主义现代化奋斗目标的又一里程碑。从此,此前的中国特色社会主义现代化国家目标——"富强、民主、文明"三项并列核心术语序列之后，增加了"和谐"的目标诉求，形成了富强、民主、文明、和谐四项并列核心术语序列。

　　(28) 中国特色社会主义，就是<u>富强、民主、文明、和谐</u>四位一体的社会主义社会。(《人民日报》2005年3月28日)
　　(29) 要把先进性建设落实到新农村建设的具体实践当中。加快工业化、城镇化、农业现代化进程，构建<u>富强、民主、文明、和谐</u>的社会主义新农村。(《人民日报》2006年7月5日)
　　(30) <u>富强、民主、文明、和谐</u>，是人类社会的普遍理想。建设富强民主文明和谐的社会主义现代化国家，要求全面实现经济、政治、文化、社会等各领域的现代化。中国特色社会主义，对于全面推进现代化有着独创的理论体系和实现路径。(《人民日报》2012年12月26日)

　　2007年党的十七大明确提出"把我国建设成为富强民主文明和谐的社会主义现代化国家"的奋斗目标，即"建设社会主义市场经济、社会主义民主政治、社会主义先进文化、社会主义和谐社会，建设富强民主文明和谐的社会主义现代化国家"。

　　"和谐"在国家政治话语体系中有一个逐步上升的发展过程。2002年，党的十六大报告首次把"社会更加和谐"纳入了全面建设小康社会的宏伟蓝图，提出新世纪前20年建设更加全面的小康社会，其目标是"经济更加发展、民主更加健全、科教更加进步、文化更加繁荣、社会更加和谐、人民生活更加殷实"。

　　此后，我们党对社会和谐重要性的认识不断深化，提出了构建社会主义和谐社会的发展战略。2005年2月，胡锦涛在省部级主要领导干部专题研讨班上，首次指出构建社会主义和谐社会属于"社会建设",并把它与经济建设、政治建设、文化建设并列,使中国特色社会主义建设的总体布局由过去的"三位一体",发展为"四位一体"。此后,中共十六届五中全会把构建社会主义和谐社会明确为全面贯彻落实科学发展观必须抓好的一项重要任务,并提出了与之相关的一系列工作要求和重大措施。

有学者提出,由"富强民主文明"扩展为"富强民主文明和谐",这实际是近20年来对党在现阶段基本路线所表述的理想目标的第一次改动,政治上非同小可。"然而,这样一个重要改变,却得到了党内和社会的普遍认可,几乎没有遇到什么阻力。这件事本身已经表明,把'和谐'作为我国人民的共同理想之一,是深得党心、民心的正确举措。"[①]

第四节 社会发展总布局核心术语指称序列分析

一、物质文明、精神文明"二位一体"核心术语序列

《人民日报》中,第一次出现"物质文明和精神文明"指称序列的是1980年5月5日。

(31) 我们的民族在历史上曾对人类作出过很大的贡献,现在也一定能够以自己的勤劳、勇敢和智慧创造出高度的**物质文明和精神文明**,自立于世界先进民族之林。我们的青年一定要有这样的民族自尊心和自信心。(《人民日报》1980年5月5日)

---

① 董德刚:《略论"富强民主文明和谐"四维理想》,《中共中央党校学报》2006年第6期。

(32) 建设社会主义的**物质文明和精神文明**,是时代向我们提出的一个重要的、迫切的任务。当前,我们全党和全国人民都在奋发努力,为实现这两种建设而奋斗。人们期待着作为上层建筑重要部门之一的文艺,在为建设社会主义精神文明方面作出自己应有的贡献。(《人民日报》1981年2月4日)

　　1992年,党的十四大进一步明确提出"坚持两手抓,两手都要硬","物质文明和精神文明都搞好,才是有中国特色的社会主义"。十四大以后,在中央领导人讲话和中央文件中,"一手抓物质文明建设,一手抓精神文明建设"的思想得到强调,出现的频率很高。

　　在这一时期直至当前,精神和物质文明始终居于中心地位,发展是永恒的主题,致富光荣成为新时期中国人普遍认同的人生价值取向。与此同时,信仰迷失、道德空虚等问题亦随之出现,因此精神文明建设的重要性也为举国上下所高度认同。

二、物质文明、政治文明、精神文明"三位一体"核心术语序列

　　1986年十二届六中全会通过的《关于社会主义精神文明建设指导方针的决议》中,经济建设、政治建设、文化建设同步推进的思路已经明确。1987年,党的十三大号召为建设富强、民主、文明的社会主义现代化国家而奋斗。富强、民主、文明的目标定位也对应着经济建设、政治建设、文化建设。

　　《人民日报》第一次出现"政治文明"的是下面的报道。

　　(33) 江泽民强调,我们在建设有中国特色社会主义,发展社会主义市场经济的过程中,要坚持不懈地加强社会主义法制建设,依法治国,同时也要坚持不懈地加强社会主义道

德建设,以德治国。对一个国家的治理来说,法治与德治,从来都是相辅相成、相互促进的。二者缺一不可,也不可偏废。法治属于政治建设,属于**政治文明**;德治属于思想建设,属于精神文明。二者范畴不同,但其地位和功能都是非常重要的。我们应始终注意把法制建设与道德建设紧密结合起来,把依法治国与以德治国紧密结合起来。(《人民日报》2001年1月11日)

社会主义政治文明这一概念,是江泽民同志首先提出的。江泽民同志在2001年1月10日召开的全国宣传部长会议上指出:"法治属于政治建设,属于政治文明;德治属于思想建设,属于精神文明"。在2002年"5·31"重要讲话中,他明确提出,"发展社会主义民主,建设社会主义政治文明,是社会主义现代化建设的重要目标"。

十六大在党的全国代表大会的文件中,第一次把政治文明作为现代化建设的基本目标之一明确提出来,表明了我们党在理论上的开拓创新,也表明了我国社会主义现代化建设的理论更加完备和成熟。

2002年,党的十六大报告把社会主义政治文明同物质文明、精神文明一道,作为现代化建设的基本目标明确提了出来,强调发展社会主义民主政治,建设社会主义政治文明,是全面建设小康社会的重要目标。"三位一体"的总体布局更加明晰。

《人民日报》第一次出现"物质文明、政治文明、精神文明"序列指称的是下面的报道。

(34) 江泽民强调,建设有中国特色社会主义,应是我国经济、政治、文化全面发展的进程,是我国**物质文明、政治文明、精神文明**全面建设的进程。哲学社会科学建设,是社会主义精神文明建设的重要组成部分，又是为推进社会主义社会的**物质文明**、**政治文明**、**精神文明**建设服务的。我们不仅要大力发展自然科学，而且要大力发展哲学社会科学，并用这些方面的知识来全面提高全体人民的思想道德素质和科学文化素质。(《人民日报》2002年7月17日)

此后，该序列得到稳定，并一直沿用。

(35) 推进社会主义<u>物质文明、政治文明和精神文明建设</u>，发展社会主义的先进文化，为弘扬中华民族的优秀学术传统，开拓哲学社会科学发展的崭新境界，做出无愧于时代的新贡献。(《人民日报》2002年7月24日)

三、经济建设、政治建设、文化建设、社会建设"四位一体"核心术语序列

进入新世纪以来，中国经济社会不断发展，人民生活水平显著提高，但就业、社会保障、收入分配、教育、医疗等关系群众切身利益的问题也比较突出，维护社会稳定的压力加大，加强社会建设的重要性凸显出来。

胡锦涛2005年2月19日在省部级主要领导干部"提高构建社会主义和谐社会能力专题研讨班"上的讲话中指出，构建社会主义和谐社会的提出，表明随着我国经济社会的不断发展，中国特色社会主义事业总体布局，更应明确地由社会主义经济建设、政治建设、文化建设三位一体发展为社会主义经济建设、政治建设、文化建设、社会建设四位一体。

《人民日报》在2005年第一次出现"经济建设、政治建设、文化建设、社会建设"：

（36）随着我国经济社会的不断发展，中国特色社会主义事业的总体布局，更加明确地由社会主义经济建设、政治建设、文化建设三位一体发展为社会主义<u>经济建设、政治建设、文化建设、社会建设</u>四位一体。我们要充分认识到，构建社会主义和谐社会是我们抓住和用好重要战略机遇期、实现全面建设小康社会宏伟目标的必然要求，是我们把握复杂多变的国际形势、有力应对来自国际环境的各种挑战和风险的必然要求，是巩固党执政的社会基础、实现党执政的历史任务的必然要求。（《人民日报》2005年2月26日）

（37）希望各民主党派一如既往地同我们党风雨同舟、团结合作，共同推进<u>经济建设、政治建设、文化建设、社会建设</u>四位一体的中国特色社会主义伟大事业。（《人民日报》2005年3月5日）

2006年十六届六中全会通过了《中共中央关于构建社会主义和谐社会若干重大问题的决定》，要求更加注重社会建设，努力使全体人民学有所教、劳有所得、病有所医、老有所养、住有所居，推动建设和谐社会。

2007年，党的十七大明确提出，要按照中国特色社会主义事业总体布局，全面推进经济建设、政治建设、文化建设、社会建设。这"四位一体"的总体布局被写入党章。社会主义现代化国家的目标也由"富强民主文明"增加为"富强民主文明和谐"。

四、经济建设、政治建设、文化建设、社会建设、生态文明建设"五位一体"核心术语序列

改革开放以来，我国经济发展取得了举世瞩目的成绩，但也付出了高昂的资源和环境代价。与社会建设一样，资源和环境问题的重要性也是到改革开放后期凸显出来。适应人民群众对良好生态环境的新期待,2010年党的十七届五中全会指出,把建设资源节约型、环境友好型社会作为加快转变经济发展方式的重要着力点,提高生态文明水平。在2011年纪念中国共产党成立90周年大会上的讲话中,胡锦涛强调:不断在生产发展、生活富裕、生态良好的文明发展道路上取得新的更大的成绩。

《人民日报》第一次出现"生态文明"的指称是2010年。

(38) 90年代以来,西方未来学家提出人类正处于"第三次大转变"的关键时刻。全球生态危机标志着旧的工业生产方式走到了尽头,今后人类的生存发展已经不能依靠土地种植和深挖地球资源,只有主要依靠挖掘自己的智慧维持。这将导致以智力资源为基础的<u>生态文明</u>。(《人民日报》2010年7月1日)

(39) <u>生态文明</u>被纳入全面建设小康社会的目标体系。"小康水平"目标中的"美化生活环境"变成了<u>生态文明</u>建设的全面要求,它包括可持续发展能力不断增强,生态环境得到改善,资源利用效率显著提高,人与自然进一步和谐,整个社会走上生产发展、生活富裕、生态良好的文明发展道路。(《人民日报》2010年7月1日)

2012年,党的十八大报告把生态文明建设放在突出地位,纳入中国特色社会主义事业总体布局,强调在推进经济建设、政治建设、文化建设、社会建设的同时,加强生态文明建设,使中国特色社会主义事业总体布局从四位一体拓展为五位一体,内容更加全面和完整。

《人民日报》第一次出现"五位一体"的序列是2009年。

第五章 核心术语指称序列与思想的现代化

（40）在新的伟大历史征程中,实现各民族共同团结奋斗、共同繁荣发展的目标,我们要坚定不移地推进改革开放、坚定不移地贯彻党的民族政策和民族区域自治制度、坚定不移地走中国特色社会主义道路,努力推动民族地区的<u>经济建设、政治建设、文化建设、社会建设和生态文明建设</u>。(《人民日报》2009年1月23日)

社会建设、生态文明建设地位的提升,既表明我们党对社会主义现代化建设规律的认识深化,也是对民意的直接回应。过去十多年,以上学难、看病难、住房难为代表的社会问题一直是社会舆论的关注焦点,在近年的全国两会上都是最受关注的议题之一。随着环境事故的高发,民众对青山绿水生活环境的期盼也越来越强烈,生态文明建设遂提到前所未有的高度。

党的十八大提出中国特色社会主义事业经济建设、政治建设、社会建设、文化建设、生态文明建设"五位一体"的总体布局,是中国特色社会主义实践不断丰富发展的结果,反映了党和国家对社会主义现代化建设规律认识的深化,也反映了公众对自身所处经济社会环境要求的提高。

在十二届全国人大一次会议上作政府工作报告时,国务院总理温家宝说,过去五年,是我国发展进程中极不平凡的五年。我国社会生产力和综合国力显著提高,人民生活水平和社会保障水平显著提高,国际地位和国际影响力显著提高。我们圆满完成"十一五"规划,顺利实施"十二五"规划。社会主义经济建设、政治建设、文化建设、社会建设、生态文明建设取得重大进展,谱写了中国特色社会主义事业新篇章。

中国特色社会主义总体布局定为"五位一体",标志着我国社会主义现代化建设进入整体推进、协调发展的新阶段,对我国未来发展将产生深远影响,对世界文明发展也具有启示意义。

五位一体的总体布局,对应人民群众的经济、政治、文化、社会、生态五大权益,是尊重人民主体地位、维护人民合法权益的充分体现。中国特色社会主义事业的这一新景象,既有助于国家形象的塑造和人民权益的实现,又为彰显社会主义制度的优越性开拓了新空间。①

特别是最新将生态文明建设提到总体布局的高度,表明我们党对经济社会可持续发展规律、自然资源永续利用规律和生态环境保护规律的认识进入新境界。这一战略也适应了世界文明发展的新趋势。近代以来 300 多年的工业文明史,是人类改造自然能力不断增强的历史。但是,传统工业化既创造了巨大的物质财富,也带来了惊人的破坏。传统工业化道路及其对地球资源的掠夺性使用,使地球不堪重负,全球生态环境恶化已经是一个不争的事实,联合起来拯救地球成为各国的共识,世界开始迈向生态文明时代。我国是世界上最大的发展中国家,将生态文明建设提到总体布局的高度,符合世界文明发展潮流,将对世界生态文明建设作出巨大贡献。②

一个时代有一个时代的国情,一个时代有一个时代的工作重心。"五位一体"是对新中国成立以来尤其是改革开放以来社会主义现代化建设规律认识的深化。它与此前各类布局是与时俱进、全面替代的关系。

"五位一体"总体布局是一个相互联系、相互协调、相互促进、相辅相成的有机整体。有学者总结,在"五位一体"总体布局中,经济建设是根本,政治建设是保障,文化建设是灵魂,社会建设是

---

①② 广东省中国特色社会主义理论体系研究中心:《中国特色社会主义总体布局思想的新发展》,《人民日报》2012 年 11 月 30 日。

条件,生态文明建设是基础。五大建设的联系是双向的,是相互作用的,不是单向度的。①

第五节 价值观核心术语序列的变化

任何一个国家的强盛至少要体现出两大实力的强大,即"硬实力"和"软实力",正像党的十八大报告中所言:"社会主义核心价值体系是兴国之魂。"

无论在中国传统政治还是当代政治里,都十分注重道德教化功能,把对社会的改造与对人的培养结合起来,以增强执政合法性、减少社会运行成本。中国传统政治文化以儒学为核心,在相当程度上呈现政教(教化)一体、以吏为师的局面。中国共产党建党、执政以来,为在培育"共产主义新人"、增进社会和谐,亦不间断地开展了道德教化活动,从最早的"向雷锋同志学习",到"五讲四美三热爱",再到"以德治国"、社会主义荣辱观、社会主义核心价值体系的提出,其中"五讲四美三热爱"、"八荣八耻"的社会主义荣辱观、"24字"的社会主义核心价值体系的核心术语序列的变化,可以看到中国对社会价值基础与人的精神世界建设的深化轨迹。

一、"五讲四美三热爱"指称序列

20世纪80年代初,中国社会掀起了一场全民性的"五讲四美三热爱"活动。"五讲"指"讲文明、讲礼貌、讲卫生、讲秩序、讲道德";"四美"指"心灵美、语言美、行为美、环境美";"三热爱"指"热爱祖国、热爱社会主义、热爱中国共产党",构成了一个由三组指

---

① 辛向阳:《论中国特色社会主义事业"五位一体"总体布局》,《北京日报》2012年8月6日。

称构成的复合核心术语的序列。一组是：文明、礼貌、卫生、秩序、道德；一组是心灵、语言、行为、环境；一组是祖国、社会主义、中国共产党。

《人民日报》第一次出现"五讲四美"是1981年2月28日的《大兴文明礼貌之风》一文中：

> （41）发动全国人民特别是青少年，开展以"五讲"、"四美"为主要内容的文明礼貌活动，是一件很有意义的事情。搞好这件事，对于促进社会的安定，健全和完善社会主义人与人之间的关系，培养有理想、有道德、有知识、有体力的社会主义新人，将产生重大的作用。（《人民日报》1981年2月28日）

> （42）在全国人民特别是青少年中，大兴"五讲"之风，达到"四美"，当然要经过一个努力实践的过程，但决不是可望而不可及的。只要我们根据"五讲"、"四美"的基本要求，确定自己的目标，不断地身体力行，是能够达到的。"五讲"、"四美"是有机联系的，通过"五讲"达到"四美"的要求。（《人民日报》1981年2月28日）

1981年，团中央在"五讲四美"之外还开展了青少年"三热爱"活动，同样成为全民文明活动的内容。

《人民日报》第一次出现"三热爱"是1981年《韩英向共青团十届三中全会报告工作时提出共青团要办好三件事情》的报道。

> （43）在青少年中开展热爱祖国、热爱社会主义制度、热爱党的教育。对祖国的热爱、对社会主义的追求、对党的崇敬和信赖，是青年信仰和理想的基石，是每个青年必须具备的基本政治觉悟。现在学习和贯彻六中全会精神，为我们在

青少年中开展"三热爱"教育创造了更加良好的条件,出现了极为有利的时机。开展这项教育,是坚持四项基本原则的需要,是建设四化、振兴中华的需要,是青少年健康成长的需要。各级团组织要认准这件事,把"三热爱"教育广泛、深入地开展起来。(《人民日报》1981年8月11日)

"五讲四美三热爱"活动在不经意间改变着人们的生活方式和价值观念,像"清洁工是城市的美容师"、"顾客是上帝"、排队坐公交车、照顾孤寡老人等,大都是从这一口号提出后流传开来的。

《人民日报》第一次出现"五讲四美三热爱"序列,是在1982年12月2日的一篇报道中。

(44) 在党的十二大以后,许多地方开展了热爱祖国、热爱社会主义、热爱党的"**三热爱**"活动,它与原来的"**五讲四美**"活动正在汇合成为一个"**五讲四美三热爱**"的统一的活动。这个活动的深入开展,对于普及新宪法提出的"五爱"社会公德,无疑将起积极的推动作用。(《人民日报》1982年12月2日)

"五讲四美三热爱"成为20世纪80年代至90年代前期的经典口号。与"五讲四美三热爱"活动相应,1982年3月,全国开展第一个"全民文明礼貌月"活动,"全民文明礼貌月"前承学雷锋活动,包括3月5日学雷锋日于其中,而其内容中央不做强制规定,因时因地制宜,提倡围绕"五讲四美三热爱"活动进行。

另外与"五讲四美三热爱"几乎同时开展的道德教育活动,还有"做四有新人",其对象为青少年。1980年,邓小平题词:"希望全国的小朋友,立志做有理想、有道德、有知识、有纪律的人,立志为人民作贡献,为祖国作贡献,为人类作贡献。""四有新人"从中演变而来。《人民日报》1982年5月4日发表的社论《当代青年的历史使命》中,把邓小平的题词延伸为"培养青年成为有理想、有道德、有文化、有纪律、有强健体魄的新一代"。1985年,全国共青团思想政治工作会议上提出:要加强和改进新时期的青年思想政治工作,在四化建设的伟大实践中培养和造就一代有理想、有道德、有文化、有纪律的共产主义新人。从此,做"四有"新人的口号和以此为主题的活动在全国各行各业展开,如1985年"祖国在我们心中,做四有新人"、1991年"学雷锋精神,做四有新人"。

二、"三讲"与"两个治国方略"指称序列

与20世纪80年代相比,90年代和21世纪之初价值观构建的典型道德教育活动,更侧重于针对党员和领导干部展开。

这一重心的转向契合传统也契合时代需要。就时代特征来看,90年代在深化社会主义市场经济改革过程中,一些政府职能转变和对权力的监督尚不到位,缺乏制约的权力与市场经济的"漏洞"相结合,寻租和腐败现象开始突出起来。

1996年十四届六中全会通过的《中共中央关于加强社会主义精神文明建设若干重要问题的决议》对此的表述是:"腐败现象在一些地方蔓延,党风、政风受到很大损害;一部分人国家观念淡薄,对社会主义前途发生困惑和动摇。估量精神文明建设的形势,决不能忽视这些问题的存在。"

于是,"三讲"开始了。1995年11月8日,江泽民在北京视察工作时指出:"根据当前干部队伍的状况和存在的问题,在对干部进行教育当中,要强调讲学习,讲政治,讲正气。"1996年,党的十四届六中全会作出决定,对县处级以上领导干部进行一次以讲学习、讲政治、讲正气为主要内容的党性党风教育。这次为期3年的教育活动,发扬了延安整风运动的精神,采取自上而下、分期分批进行,党内的批评和自我批评相结合的方式,使全党同志,尤其使领导干部受到了一次深刻的党性党风教育,达到了预期的效果,

对改革开放和社会主义现代化建设事业起了巨大的推动作用。

"讲学习,讲政治,讲正气",也由此成为一个并列的核心术语序列,也成为那个时期在中国共产党内集中塑造的价值观,并向社会发散。

在党内"三讲"活动的基础上,江泽民在 21 世纪之初提出了"以德治国"思想。2000 年 6 月,江泽民《在中央思想政治工作会议上的讲话》中指出:"法律与道德作为上层建筑的组成部分,都是维护社会秩序、规范人们思想和行为的重要手段,它们互相联系、互相补充。法治以其权威性和强制手段规范社会成员的行为。德治以其说服力和劝导力提高社会成员的思想认识和道德觉悟。道德规范和法律规范应该互相结合,统一发挥作用。"2001 年 1 月,在全国宣传部长会议上,他明确提出了"把依法治国与以德治国紧密结合起来"的治国方略。

"依法治国和以德治国相结合"写入 2002 年的十六大报告及其修改的党章中,并由此构成了两个治国方略的并列指称序列。

自"以德治国"提出后的几年,当时的一些精神文明建设活动是挂在其名下进行的,如青年文明号活动、加强师德建设、加强法官职业道德建设、开拍《中华道德启示录》电视系列片,等等。实际上,与"依法治国"的可操作性相比,"以德治国"更应算作一项思想理念上的原则性方略,它本身并不指一项具体的行为活动。"以德治国"与"依法治国"的关系,亦成为当时理论界的一大显学研究课题。

三、"八荣八耻"指称序列

21 世纪党内教育最重要的活动是保持共产党员先进性教育活动和深入学习实践科学发展观活动。2004 年 11 月 7 日,中共中央下发了《关于在全党开展以实践"三个代表"重要思想为主要内容的保持共产党员先进性教育活动的意见》,于是从 2005 年

1月开始,在全党开展了以实践"三个代表"重要思想为主要内容的保持共产党员先进性教育活动,历时一年半,到2006年6月基本结束,其后转入常态化和长效机制建设。

保持共产党员先进性教育活动和深入学习实践科学发展观活动的直接背景,都是党的指导思想或重大战略思想提出后用以武装全党。"三个代表"重要思想和科学发展观分别在十六大和十七大时写入党章。

2006年3月4日,时任中共中央总书记胡锦涛在参加全国政协十届四次会议民盟、民进界委员联组讨论时提出,要引导广大干部群众特别是青少年树立"以热爱祖国为荣、以危害祖国为耻,以服务人民为荣、以背离人民为耻,以崇尚科学为荣、以愚昧无知为耻,以辛勤劳动为荣、以好逸恶劳为耻,以团结互助为荣、以损人利己为耻,以诚实守信为荣、以见利忘义为耻,以遵纪守法为荣、以违法乱纪为耻,以艰苦奋斗为荣、以骄奢淫逸为耻"的社会主义荣辱观。

以"八荣八耻"为核心的社会主义荣辱观,是对中华民族传统美德的时代精神的通俗化概括表达,具有很强的时代针对性。在日渐开放的市场环境中,商品交换原则侵蚀了非市场交往关系的领域,造成"物质主义""拜金主义"和"享乐主义"日趋泛滥的现象,极端利己主义、价值相对主义思潮在一部分人中盛行。"社会主义荣辱观"被评为2006年春夏中国主流报纸十大流行语之一。

社会主义荣辱观提出后不久,就被纳入一个更大的体系当中——社会主义核心价值体系。2006年10月,十六届六中全会首次明确提出建设"社会主义核心价值体系"的概念,并把它置于"建设和谐文化的根本"的地位。会议通过的《中共中央关于构建社会主义和谐社会若干重大问题的决定》指出:建设社会主义核心价值体系,形成全民族奋发向上的精神力量和团结和睦的精神纽带。马克思主义指导思想,中国特色社会主义共同理想,以爱国主义为核心的民族精神和以改革创新为核心的时代精神,社会主义荣辱观,构成社会主义核心价值体系的基本内容。

《决定》要求坚持把社会主义核心价值体系融入国民教育和精神文明建设全过程,贯穿现代化建设各方面。坚持用马克思主义中国化的最新成果武装全党、教育人民,用民族精神和时代精神凝聚力量、激发活力,倡导爱国主义、集体主义、社会主义思想,加强理想信念教育,加强国情和形势政策教育。

四、"24字"核心价值观指称序列

党的十八大报告将社会主义核心价值观概括为12个主题词、24个字。这是国家思想道德建设和文化软实力建设的一次质的飞跃。

2006年十六届六中全会提出了社会主义核心价值体系,并把它置于"建设和谐文化的根本"的地位。社会主义核心价值体系外延庞大,内涵丰富,为加强传播力,有进一步提炼概括的需要。正如世界上一些国家、许多机构以及国内一些地方都有对自身核心价值观的精简用语,如法国大革命喊出的口号"自由、平等、博爱",如北京精神"爱国、创新、包容、厚德",容易为公众所记忆并接受。于是,党的十八大报告首次将社会主义核心价值观概括为12个主题词:富强、民主、文明、和谐,自由、平等、公正、法治,爱国、敬业、诚信、友善。

党的十六大以后,我国进入了全面建设小康社会新的历史时期,这既是我国发展的一个重要战略机遇期,又是个矛盾凸显期。在我国社会结构发生深刻变动、利益格局深刻调整、思想观念深刻变化、文化大交融的背景之下,建设社会主义核心价值体系、倡导社会主义核心价值观,有着重要的理论意义和极强的现实针对性。

党的十八大是新中国史上第一次用24字概括核心价值观,不仅具有开创性的意义,更难得的是,这一开创性的核心术语序列是完善的,与"五讲四美三热爱""八荣八耻"等核心术语序列相比,其在思想内涵构建上的变化至少有三个方面。

一是核心价值观系统性的变化。其核心术语的12个词,囊括了"五讲四美三热爱""八荣八耻"在精神文明、道德文明等方面的内容,凝练了包含社会主义国家所需要的最基本、最核心、最重要的价值理念。分为三组又各有所指:"富强、民主、文明、和谐"是国家发展目标上的价值追求;"自由、平等、公正、法治"体现社会层面的整体价值导向;"爱国、敬业、诚信、友善"则属于公民道德价值准则,构成了一个完整的体系。

二是核心价值观指向性的变化。如果说,"五讲四美三热爱""八荣八耻"更多的是国家治理层面对民众尤其是青少年的倡导的话,那么"24字"社会主义核心价值观则是对全体国人所言,包括治理阶层、社会精英、普通民众等在内,反映现阶段全国人民价值观念领域的最大公约数。

三是核心价值观通适性的变化。与"五讲四美三热爱"中的"三热爱"指"热爱祖国、热爱社会主义、热爱中国共产党"的一组并列指称相比,后两个指称并未在"24字"中体现,考虑到8000万党员之外,13亿中国人中还有许多无党派人士、民主党派、宗教信仰者等现实,体现了尊重差异、包容多样的原则。与西方国家的所谓"民主、自由、平等"相比,"24字"中全有涵盖,进而为赢得世界的理解和尊重提供了极为重要的前提。

不过,从社会语言学的角度来分析,12个组成的序列虽然比3个词组成的序列更见丰富,但是,在传播的效果上还是受到影响。需要理解和记忆的东西越多,传播的效能越低。从这个意义上讲,12个组成的序列能不能再做精炼呢?"富强、民主、文明、和谐"——国家发展目标上的价值追求;"自由、平等、公正、法治"——社会层面的整体价值导向;"爱国、敬业、诚信、友善"——公民道德价值准则,能否归为一个更加简单、更宜记的序列呢?

应当注重富有时代感的指称序列的创新再造,这会对改变社会价值行为的起到意想不到的感染效应。党的十八大报告使用"美丽中国"这种诗意温情的指称概括了"生态文明建设",让严谨理性的党代会报告平添了一抹亮色,听起来柔软、悦耳、舒心、富有诗意,充满亲切感、温情感,打动人心,令人向往,于是得以迅速传播,成为举国上下的一个流行热词,其"抢眼""抢耳"度高于"生态文明建设"本身,也使"生态文明建设"变得形象、感性起来。

官方编制的指称序列,严谨准确但往往缺少传播上的感染力,用老百姓听得懂得语言则来得更生动、更传神,更具感染力、发散力、生命力。在忠于原意的基础上,是不是可以借鉴"美丽中国"的成功传播经验呢?

第六节 核心术语指称序列变革的思考

从对我国党政、社会一些核心术语进行历时性的搜索和分析,我们归纳出了一些核心术语的变化,并由此看到了治国方针的变化以及思想的变化。下面的这些图就显示出了这些变化。

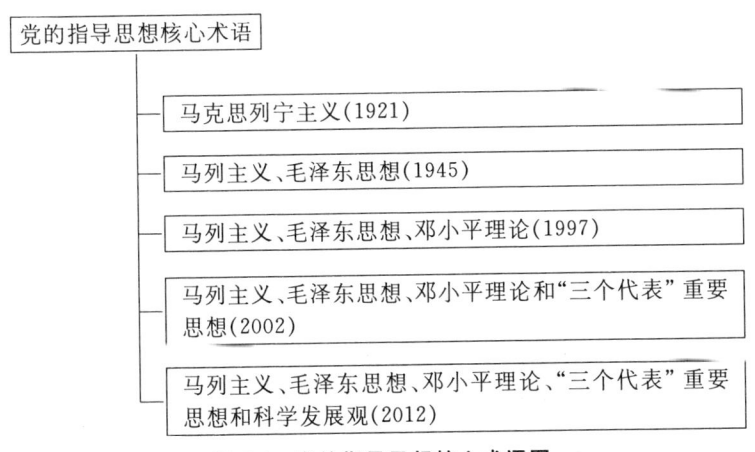

党的指导思想核心术语
- 马克思列宁主义(1921)
- 马列主义、毛泽东思想(1945)
- 马列主义、毛泽东思想、邓小平理论(1997)
- 马列主义、毛泽东思想、邓小平理论和"三个代表"重要思想(2002)
- 马列主义、毛泽东思想、邓小平理论、"三个代表"重要思想和科学发展观(2012)

图 5-1 党的指导思想核心术语图

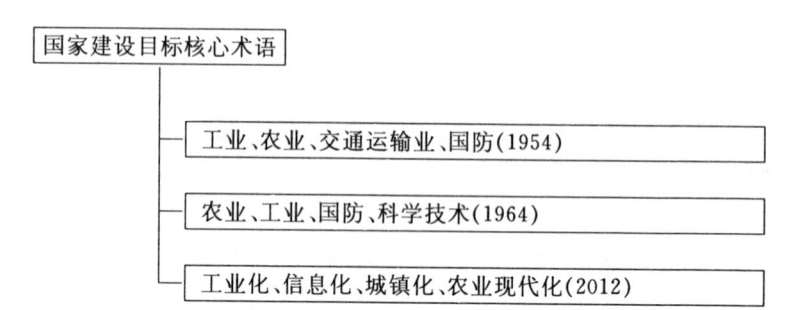

```
国家建设目标核心术语
    ├─ 工业、农业、交通运输业、国防(1954)
    ├─ 农业、工业、国防、科学技术(1964)
    └─ 工业化、信息化、城镇化、农业现代化(2012)
```

图 5-2　国家建设目标核心术语图

```
国家社会发展目标核心术语
    ├─ 民主、文明(1979)
    ├─ 富强、民主、文明(1987)
    └─ 富强、民主、文明、和谐(2005)
```

图 5-3　国家社会发展目标核心术语图

```
国家社会发展总布局核心术语
    ├─ 物质文明、精神文明(1980)
    ├─ 物质文明、政治文明、精神文明(2002)
    ├─ 经济建设、政治建设、文化建设、社会建设(2005)
    └─ 经济建设、政治建设、文化建设、社会建设、生态文明建设(2009)
```

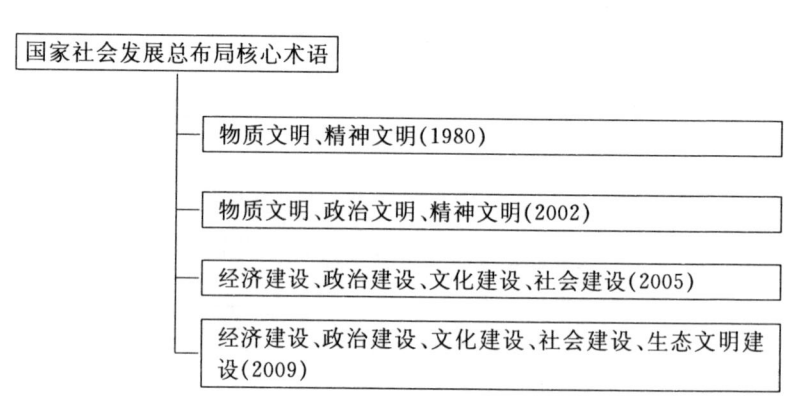

图 5-4　国家社会发展总布局核心术语图

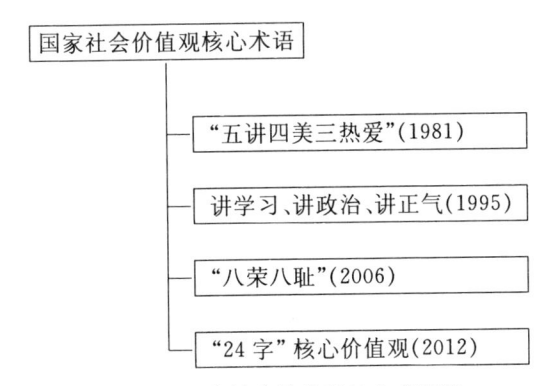

```
国家社会价值观核心术语
├─ "五讲四美三热爱"(1981)
├─ 讲学习、讲政治、讲正气(1995)
├─ "八荣八耻"(2006)
└─ "24字"核心价值观(2012)
```

图 5-5　国家社会价值观核心术语图

从物质文明、精神文明"两个文明",到物质文明、政治文明、精神文明"三个文明";从经济建设、政治建设、文化建设"三位一体",到经济建设、政治建设、文化建设、社会建设"四位一体",再到经济建设、政治建设、文化建设、社会建设、生态文明建设"五位一体",我们党对中国特色社会主义规律的认识不断深化,中国特色社会主义事业的总体布局日益完善。将生态文明建设纳入中国特色社会主义事业总体布局,努力建设美丽中国,顺应时代发展趋势,符合人民群众期待,是战略决策,是民心所向。

指称序列构建者有意识地通过新闻传播运用指称序列的价值内涵影响社会价值的塑造,同样也可以运用语义学的基本理论,透过指称序列排序改变指称,引领社会价值的重新塑造。

语义学涉及语言学、逻辑学、认知科学、心理学等诸多领域,包含命名说、概念论、语境论、行为主义论等主要理论。根据命名说,词是该词所指事物的名称或标记。根据概念论,词汇与该词汇所指的事物之间的关系不是直接的,而是间接的,其中介是存在于人的头脑中的概念,词汇通过概念来指称事物,概念便是词汇的意义。根据语境论,语言的意义离不开使用语言的语境,语义不是抽象的,它存在于语境之中,它来自语境,取决于语境。行为主义论和语境论有相似之处,它也把语义放到语境中去研究,但更注重人的心理活动,认为语言的意义存在于语言使用者在交际过程中对听到话语的反应。

符号学广义上则是研究符号传意的人文科学,包括文字符、信号符、密码、古文明记号、手语的科学。索绪尔的《普通语言学教程》将符号分成能指和所指两大部分,真正确立了符号学的基本理论。与把语言视为一种分类命名集的天真看法不同,索绪尔认为,语言符号连接的不是事物和名称,而是概念和声音形象。能指是符号的物质形式,由声音—形象两部分构成,这样的声音—形象在社会的约定俗成中被分配与某种概念发生关系,在使用者之间能够引发某种概念的联想。这种概念就是所指。他认为,能指与所指的关系是非自然的,是可以改变的,但个人无法改变,改变只能在集体约定的基础上发生。

根据语义学、符号学的研究,话语表达、文本构建之后,新闻媒体报道的事实、表达的观点,在受众一方还有一个理解重构意义的过程。这一过程并不掌握在传播者手中。

以上理论对新闻传播的重要启示在于:一、语言和能指毕竟是基础性的,这是受众观念的基础,想普及什么样的观念,就得采取相应的措词。二、传播不能采取单向的灌输和一成不变的方式,只有根据变化了的环境适时调整,并反复交互沟通,方能使价值导向在潜移默化中内化于常识、共识,并在沟通中保持与时俱进的生命力,让受众参与到价值观念体系的构建中来,使其更广泛地达成"集体约定"功效。

第六章

其他特殊指称序列与生活的多元化
——中国新闻语言重要指称序列分析之四

第一节 新闻语言中宗教指称序列研究

中国是个多宗教的国家,我国的现代宗教,主要有佛教、道教、伊斯兰教、天主教和基督教。这些宗教在我国都有比较久的历史,为一部分群众所信仰。有的宗教,如伊斯兰教和佛教中的喇嘛教、小乘佛教,过去曾经为一些兄弟民族所信奉,因此,宗教问题又常常与民族问题相联系。在我国新闻语言中,一般出现的我国五大宗教的序列是佛教、道教、伊斯兰教、天主教和基督教。但这个序列并不是从开始就有的,而是经过不断变化、调整而形成的。下面,我们就具体分析在《人民日报》中体现的我国五大宗教排序的变化问题。

基本上新闻语言中宗教问题的序列可以分为两个阶段,一是在1980年6月之前,其排序是非常混乱的阶段。1980年6月之后,由于国家对宗教问题的重视,其排序越来越强调规范。

在《人民日报》上,直到1950年9月才第一次出现多种宗教名称并列出现的情况,以后涉及我国的多种宗教名称的时候,其排列顺序是相当自由的。例如:

(1) 和平签名运动在中国是一次空前规模的全民性运

动。各种各样的人们不分宗教的信仰，不论是佛教徒、喇嘛教徒、回教徒，还是基督教徒，都踊跃参加和平签名，为着一个共同的信念与愿望："反对侵略战争，保卫世界和平！"(《人民日报》1950年9月10日)

(2) 杭州宗教界(包括基督教、天主教、佛教、道教、伊斯兰教)及福利救济界二千九百余人于去年十二月二十二日集会通过了以下六项爱国公约。(《人民日报》1951年2月4日)

1951年2月4日的《人民日报》，第一次出现了中国五大宗教的排序，但顺序并不是我们现在看到的"佛教、道教、伊斯兰教、天主教、基督教"。在以后出现的宗教排序中，也无规律可循。

(3) 在二月二十一日的游行行列里，有从缅甸、越南等地归国的华侨和基督教、天主教、佛教、道教教徒和回族同胞。该市各界人民按照本身的具体情况订立了爱国公约。(《人民日报》1951年3月4日)

(4) 出席会议的协商委员和天主教、基督教、伊斯兰教、佛教、道教等宗教界的代表人物，他们都一致愤怒地斥责帝国主义利用天主教进行阴谋活动的罪行。(《人民日报》1953年7月20日)

(5) 在常州市宗教界七月二日召开的座谈会上，到会的天主教、基督教、佛教、伊斯兰教的代表，都一致表示要团结全市宗教界人士，支持上海天主教徒的反帝爱国斗争。(《人民日报》1953年7月21日)

(6) 首都宗教界人士热烈展开了中华人民共和国宪法草案的讨论。参加讨论的有伊斯兰教、佛教、道教和天主教、基督教等宗教界人士共一千二百多人。现在他们已分别听了

第六章 其他特殊指称序列与生活的多元化

两次报告,进行了两次到三次讨论。讨论中大家情绪很热烈,很多六七十岁的老神甫、牧师、和尚、道士也都参加了。不少住在四郊的佛教、道教、伊斯兰教的人士赶到城里来听报告、参加会议。(《人民日报》1954年7月14日)

(7) 参加大会的……有热爱祖国的佛教、伊斯兰教、基督教、天主教、道教的教徒。(《人民日报》1958年4月9日)

(8) 首都伊斯兰教、佛教、基督教、天主教和道教界著名人士,今天联合举行集会,愤怒谴责美、英帝国主义侵略中东的强盗行为。(《人民日报》1958年7月23日)

(9) 在由政协全国委员会宗教组今天召集的座谈会上,北京天主教、基督教、佛教、伊斯兰教、道教界人士,严词驳斥美国国务卿赫脱18日为华理柱辩护的声明。(《人民日报》1960年3月4日)

(10) 中国的佛教、道教、天主教、基督教、伊斯兰教等各个宗教团体的负责人,今天在政协礼堂举行了声援美共正义斗争的集会。(《人民日报》1962年1月24日)

(11) 参加集会的有首都的佛教、基督教、天主教、道教和伊斯兰教界人士。集会由中国佛教协会副会长赵朴初主持。(《人民日报》1963年7月19日)

(12) 我国有多种宗教存在。基督教、天主教、佛教、道教、伊斯兰教在我国有悠久的历史,有相当多的群众信仰宗教。(《人民日报》1980年4月9日)

从《人民日报》1950年第一次出现我国宗教名称排序以来,我们看到在1950—1980年间,其排序是没有规律可遵循的,也没有固定的排序规律,几乎每次出现的序列都不一样。但1980年6月的《人民日报》开始出现了我们现在经常看到的五大宗教的排列顺序:

(13) 我国的现代宗教,主要有佛教、道教、伊斯兰教、天主教和基督教。这些宗教在我国都有比较悠久的历史,为部分群众所信仰。有的宗教,如伊斯兰教和佛教中的喇嘛教、小乘佛教,过去曾经为一些兄弟民族全民族所信奉,因此,宗教问题又常常与民族问题相联系。(《人民日报》1980年6月14日)

至此,我国新闻语言中关于我国五大宗教的排序有了一个"官方"的版本。笔者翻阅了相关资料,"佛教、道教、伊斯兰教、天主教和基督教"排序的原则基本上是以传入我国和各宗教形成的时间为依据的。我国是一个有着多种宗教的国家,佛教已有2 000年的历史,道教有1 700多年的历史,伊斯兰教有1 300多年历史,天主教和基督教主要是在鸦片战争之后获得较大的发展。据统计,全国信教的群众,目前,伊斯兰教约有1 000多万人,天主教约有300多万人,基督教约有400多万人;藏族、蒙古族、傣族等少数民族多信仰藏语系和巴利语系佛教,汉语系佛教和道教在汉族中也还有一定的影响。

1980年6月14日,国务院宗教事务局局长肖贤法在《人民日报》发表《正确理解和贯彻党的宗教信仰自由》一文,对党的宗教信仰自由政策的内涵、具体表现、共产党人允许人民有信仰自由的原因、落实宗教信仰自由政策应妥善处理的关系等问题做了比较全面论述,这是从理论上对宗教问题进行的一次重要的拨乱反正。文中正式提出了我国的现代宗教,主要有佛教、道教、伊斯兰教、天主教和基督教。这也是现在我国新闻上采用的宗教最常见的序列。从此,在大多数情况下,新闻语言中出现宗教排序就以"佛教、道教、伊斯兰教、天主教、基督教"为序:

(14) 首都佛教、道教、伊斯兰教、天主教、基督教等宗教

第六章 其他特殊指称序列与生活的多元化

界知名人士正果、刘之维、沈遐熙、杨高坚、阎迦勒、傅铁山先后在会上讲话,祝贺赵朴初获得这一荣誉。(《人民日报》1985年5月25日)

(15) 祖国大陆佛教、道教、伊斯兰教、天主教、基督教等五大宗教界痛同胞之所痛,今天分别向台湾有关宗教界发出慰问电,对不幸遇难的台湾同胞表示沉痛的哀悼。(《人民日报》1999年9月26日)

(16) 这部书详细介绍了佛教、道教、伊斯兰教、天主教、基督教禁忌的历史背景、发展变化、神学依据和基本特点,并针对日常生活、工作、交往中一些容易忽略的问题作了专门阐述。(《人民日报》2001年2月22日)

(17) 中国佛教、道教、伊斯兰教、天主教、基督教五大宗教联合商定,于2012年9月17日至23日,在全国开展"宗教慈善周"活动。(《人民日报》2012年9月18日)

但这个序列不是唯一的,也有一些不同:

(18) 全国政协副主席、中国佛教协会会长赵朴初和中国佛教协会副会长嘉木样·洛桑久美·图丹却吉尼玛为大佛开光剪彩,全国人大常委会副委员长布赫,全国政协副主席阿沛·阿旺晋美等和北京天主教、基督教、伊斯兰教、道教组织的负责人出席了开光庆典。(《人民日报》1993年10月5日)

这段文字不单涉及宗教名称,而是有一些领导人和宗教负责人的名称。按照名词排列顺序的重要性及显著性的原则,职位高的、重要的排在前面。

(19) 江泽民总书记和中共中央政治局候补委员、书记处书记、中央统战部部长丁关根与中国佛教协会会长赵朴初居士，中国基督教三自爱国运动委员会主席、中国基督教协会会长丁光训主教，中国天主教爱国会主席、主教团代团长宗怀德主教，中国道教协会会长黎遇航道长，中国伊斯兰教协会会长沈遐熙依玛目，围坐在一起，亲切叙谈，气氛十分融洽。(《人民日报》1991年1月31日)

(20) 中国佛教协会会长赵朴初、副会长周绍良，中国天主教爱国会主席、主教团代团长宗怀德，副主席杨高坚、傅铁山、汤履道，中国道教协会会长黎遇航，中国伊斯兰教协会副会长安士伟、马贤以及中国基督教协会副会长、北京市基督教两会主席殷继增等30多人。(《人民日报》1992年2月2日)

以上两个例子，也没有严格按照一般的宗教排列顺序来编排新闻语言。同样是按照名词排列顺序的重要性及显著性的原则，职位高的、重要的排在前面。

(21) 天主教、道教、佛教、伊斯兰教、基督教等各宗教场所标幅醒目，旗幡猎猎。他们追思在世界反法西斯和中国抗日战争中牺牲的将士和死难人民，同声祈祷世界和平。(《人民日报》1995年8月21日)

这则新闻看起来宗教的序列比较混乱，但联系上下文，这是符合"时间先后原则"的。我国这五大宗教为纪念世界反法西斯和抗日战争胜利五十周年，分别进行祈祷活动。天主教于8月15日举行，道教于8月16日举行，佛教于8月18日上午举行，伊斯兰教于8月18日下午举行，最后基督教于8月20日举行活动。

第六章 其他特殊指称序列与生活的多元化

这完全体现了时间先后的对应性原则。

(22) 站在人类文明发展的高度上,我们应该把和平放在第一位。不同文明的国家之间有没有可能和平相处？答案是肯定的。我们生活的这个星球上,有 60 多亿人口,200 多个国家,2 500 多个民族,6 000 多种语言,有基督教、天主教、伊斯兰教、佛教和道教等多种宗教。(《人民日报》2005 年 12 月 7 日)

这段新闻是摘自 2005 年 12 月 7 日温家宝总理在巴黎的演讲中的一部分。演讲中总理谈到了我国的宗教问题。作为一个国家总理,他讲话中传递出来的信息都是值得思考的,这五大宗教为什么没有按照我们新闻语言中固有的序列来排序呢？

西方修辞学中认为"幻象不同于不切实际的幻想",它是参与者"想象性地和创造性地解释事物"以达到某种生活目的。这样,就演说或者话语者的角度来说,制造幻象往往是与听众建立一种互相亲近、互相信任的纽带的有效途径,是达到理解和说服的最佳策略。从这一点来说,他类似于博克的"认同说"[1]。温总理在国外进行演讲,最终的目的是要将中国展示给世界,就要用对方能听得懂或者认同的文体来进行,对于西方人来讲,基督教和天主教是他们信仰者最多的教派,而佛教和道教的信众没有中国那么多,所以总理讲话中很巧妙的将基督教和天主教放在了序列的前面,这是重要性原则,希望能够引起听众的共鸣和认同。

纵观《人民日报》对我国宗教的排序来看,以 1980 年为分水岭,之前由于我国政治因素的大环境,对宗教问题并没有十分重

---

[1] 大卫·宁等:《当代西方修辞学:批判模式与方法》,常昌富等译,中国社会科学出版社,1998 年,第 8 页。

视,之后,我国宗教问题得到了中央政府和领导的重视,体现在新闻语言中也越来越趋向统一。

第二节 新闻语言中民主党派指称序列研究

一、民主党派指称序列的特殊现象

根据前面总结过的指称序列我们能看出,指称序列最根本的规则就是重要性领先,也就是说重要的、职位高的排在前面。下面让我们来看一下中央电视台的一个例子:

(23)3月6日,全国政协十二届一次会议在人民大会堂三层金色大厅举行第一场记者会,邀请新一届民主党派中央和全国工商联九位主席集体接受媒体采访。

"今天应邀参加记者招待会的有民革中央主席万鄂湘,民盟中央主席张宝文,民建中央主席陈昌智,民进中央主席严隽琪,农工民主党中央主席陈竺,致公党中央主席万钢,九三学社中央主席韩启德,台盟中央主席林文漪。"(CCTV-1,2013年3月6日全国政协第一次记者招待会)

让我们一起来分析一下构成这则序列的成员身份:民革中央主席万鄂湘,同时他也是全国政协常委、社会和法制委员会副主任,最高人民法院大法官、副院长,二级大法官;民盟中央主席张宝文,同时他也是农业部副部长,全国政协常委、人口资源环境委员会委员,中国农学会会长,中国农业广播电视学校校长,教授、博士生导师;民建中央主席陈昌智,同时他也是十二届全国人大主席团常务主席;民进中央主席严隽琪,同时她是十一届全国人大常委会副委员长。

第六章 其他特殊指称序列与生活的多元化

在这里,就个人而言,其中有国家领导人级的,也有部长级的。但是这个序列中并不完全是国家领导人级的排在前面,部长级的排在后面,也不是以个人担任党主席的资历来考量的,有的是刚刚当选,有的是担任了两年以上。

何以如此排序?这里的排序显然是严格根据我国民主党派的序列来确定的。我国的八个民主党派依次是:中国国民党革命委员会、中国民主同盟、中国民主建国会、中国民主促进会、中国农工民主党、中国致公党、九三学社、台湾民主自治同盟。在新闻语言中一般简称为:民革、民盟、民建、民进、农工党、致公党、九三学社、台盟。笔者查阅了《人民日报》,发现新闻中只要同时出现这八个民主党派名称的时候,其排列顺序都是一样的,序列不变。

《人民日报》中第一次出现八个民主党派的名称的是 1958 年 2 月 1 日的《改造政治立场为社会主义服务　各民主党派反右派斗争胜利开始整风　撤销右派分子在民主党派中的领导职务》一文。在文中虽然没有将八个民主党派按照并列的顺序排列在一起,但从文章的前后顺序我们看到八个民主党派出现的顺序就是按照"民革、民盟、民建、民进、农工党、致公党、九三学社、台盟"来的。《人民日报》将八个民主党派正式列出是在 1979 年 10 月 4 日的《我国各民主党派和工商联简介》中:

(24)我国有八个民主党派,它们是:中国国民党革命委员会、中国民主同盟、中国民主建国会、中国民主促进会、中国农工民主党、中国致公党、九三学社和台湾民主自治同盟。(《人民日报》1979 年 10 月 4 日)

文中第一次正式地提出了我国八个民主党派的名称及排序,在以后的文章中,八个民主党派的序列没有变化:

(25) 这批特邀监察员共 21 名,是经监察部和中共中央统战部研究商定,从民革、民盟、民建、民进、农工党、致公党、九三学社、台盟和全国工商联推荐的人士中选聘出来的专家学者。(《人民日报》1989 年 12 月 10 日)

(26) 参加今天座谈会的有民革、民盟、民建、民进、农工党、致公党、九三学社、台盟中央和全国工商联负责人,无党派代表人士,民族宗教界人士和部分党外知识分子七十多人。(《人民日报》1990 年 6 月 26 日)

(27) 民革、民盟、民建、民进、农工党、致公党、九三学社、台盟、全国工商联,近日分别召开中央常务委员会会议或主席、副主席扩大会议,部署学习和贯彻七届全国人大四次会议和全国政协七届四次会议精神。(《人民日报》1991 年 4 月 6 日)

(28) 中共中央总书记江泽民在庆祝中国共产党成立 70 周年大会上的讲话发表后,民革、民盟、民建、民进、农工党、致公党、九三学社、台盟和全国工商联连日来分别召开座谈会,畅谈学习江泽民讲话的感想和体会。(《人民日报》1991 年 7 月 7 日)

(29) 交通问题一直为北京市政协所关注,本届政协以来,委员们所提涉及交通方面的提案累计达 519 件。此次绿色出行体系建设是市政协近年来参与面最广的调研,民革、民盟、民建、民进、农工党、致公党、九三学社、台盟 8 个民主党派北京市委及 18 个区县政协参与其中,吸引了数百名政协委员和专家学者,部分委员还奔赴杭州、武汉考察。(《人民日报》2010 年 5 月 12 日)

那么形成各民主党派序列的原因是什么呢?是按照各民主党派的成立时间,还是各民主党派的党员数量?如果以各民主党

派的成立时间,我们能看出,其排列顺序应该如下表所示:

表 6-1 中国民主党派成立时间表

成立时间	党派简称
1925 年 10 月	致公党
1944 年 9 月	民盟
1945 年 12 月 16 日	民建
1945 年 12 月 30 日	民进
1946 年 5 月 4 日	九三学社
1947 年 2 月	农工党
1947 年 11 月 12 日	台盟
1949 年 11 月	民革

这个排列顺序显然和现在新闻语言中通用的"民革、民盟、民建、民进、农工党、致公党、九三学社、台盟"序列不符。如果按照各民主党派党员数来看,其排列顺序应如下表:

表 6-2 中国民主党派成员人数表(截至 2012 年)

成员数量(单位:万)	党派简称
18.44	民盟
10.9	民建
10.5	九三学社
10.3	民进
10.2	农工党
8.2	民革
3	致公党
0.21	台盟

按照各民主党派的成员人数来看,其序列也不是我们现在固定的序列,那么我国各民主党派的排序究竟是以什么为标准的

呢？让我们简要地回顾一下历史。

二、民主党派指称序列特殊性的成因

1. 重要的"五月五日通电"

1948年5月1日，中共中央发布著名的"五一口号"，其中第五条号召"各民主党派、各人民团体、各社会贤达迅速召开政治协商会议，讨论并实现召集人民代表大会，成立民主联合政府"。1948年5月5日，12位民主人士联合致电毛泽东，响应"五一口号"。这里面有一个细节，我们往往说是12位民主人士联名致电，但请看这封电报最后署名的方式：

表6-3 中国民主党派响应"五一口号"署名排序表

中国国民党革命委员会	李济深　何香凝
中国民主同盟	沈钧儒　章伯钧
中国民主促进会	马叙伦
中国致公党	陈其尤
中国农工民主党	彭泽民
中国人民救国会	李章达
中国国民党民主促进会	蔡廷锴
三民主义同志联合会	谭平山
无党派	郭沫若

从这一署名，我们可作如下分析：

第一，当时12人的联名致电，并不是以个人名义发出的，而代表所在党派的。第二，这一顺序与最终形成的八个党派排序也有相似之处。比如，民革、民盟在民主党派中排在第1、2位，此后从未变化。民进、致公党、农工党的排序也有影子可循。那么，对这12个人做如上排序的依据是什么？显然是这几位党派代表人物

第六章 其他特殊指称序列与生活的多元化

及其所在党派的社会地位、所做贡献,而这种排序在各党派之间是有共识的。

2. 中共中央的两个指示

1948年10月8日,由周恩来起草、毛泽东审定了一份中央关于征求民主人士对《关于召开新的政治协商会议诸问题》的意见给高岗、李富春等的指示。其中提出,组成一个筹备会,"筹备会的人选,提议即以五月五日香港签名通电响应中共中央'五一'口号的民主党派、人民团体及无党派人士的9单位代表,加上上海民主建国会,平、津教师,国内少数民族及南洋华侨的民主人士代表"。此文后附了一份提议邀请参加新政协的单位代表,它们是中国共产党、中国国民党革命委员会、中国民主同盟、中国民主促进会、中国致公党、中国农工民主党、中国人民救国会、中国国民党民主促进会、三民主义同志联合会、民主建国会……共39家单位。这个表中,在前十名的序列中,民革、民盟、民进、致公党、农工党的顺序已经初具,民建排在第10位。15日,中央再次就有关原则和问题给高、李指示。这个指示里有三处值得注意,一是提出了一份参加新政协的七个党派及团体的名单,为民革、民盟、民进、农工党、救国会、民促、民联。这里面没有致公党,没有民建。二是这个指示明确指出:"向他们申明,我们所提出的名单,只是我们的希望,他们有权加以增减或完全改动。"可见,这个意见还是初步的。三是"向蔡廷锴声明,我们对国民党民主促进会不熟悉,请他提名单,至蔡本人则以代表民革为宜还是代表促进为宜请他酌定"。为什么中国共产党并不清楚民促而还邀请民促呢?还是要回到"五月五日通电",民促列9单位之中!由此可从另一个侧面说明了"五月五日通电"的重要性,也说明了这个通电的排序在最终形成的民主党派排序中的重要性。

3. 一份重要的商谈协议

1948年底,中央统战部有一份"关于召开新的政治会议诸问题"的商谈协议和各方面意见汇编。

此文件基本明确了两个问题:一是筹备会由23个单位组成,前10个单位排序为:(1)中国共产党,(2)中国国民党革命委员会,(3)中国民主同盟,(4)中国民主促进会,(5)中国致公党,(6)中国农工民主党,(7)中国人民救国会,(8)中国国民党民主促进会,(9)三民主义同志联合会,(10)民主建国会。二是新政协的参加单位共38个,其中前10个单位的排序与筹备会排序完全一致。

4. 排序基本形成

1949年4月23日,中国各民主党派联合发了一个声明,竭诚拥护进军命令。这次,各民主党派的落款如下:

  中国国民党革命委员会 李济深
  中国民主同盟常务委员长会 沈钧儒 章伯钧
  民主建国会常务理事会 黄炎培
  中国民主促进会常务理事会 马叙伦
  中国国民党三民主义同志联合会常务委员会 谭平山
  中国农工民主党检察委员长会主席 彭泽民
  中国人民救国会中央委员执行委员 李章达
  中国国民党民主促进会主席 蔡廷锴
  中国致公党中央委员会主席 陈其尤

这个排序中,只要去除后来解散的救国会,以及与民革合并的民联、民促,再加上九三学社的台盟就与目前的排序完全一致了。

根据以上史料和分析,可见民主党派的排序是以"五月五日通电"为基础,以党派组织及其代表人物在民主革命时期所做的贡献和社会地位为依据逐步确立的。

第三节　国际事务中行为主体指称序列

国际事务中行为主体的指称序列非常多,我们这里仅仅以"南北会谈"为例。

提到"南北会谈",相信很多人都不会陌生,人们自然会想到朝鲜和韩国的一系列针对朝鲜半岛统一、和平的双方会谈。但是,笔者在查阅《人民日报》时却发现,朝韩会谈既有"南北会谈"之称,又有"北南会谈"之称。那么究竟如何更为合理呢?

首先,我们要弄清楚什么是"南北会谈"。在中国,在国际事务新闻中,"南北"有两种含义,一是指全球范围内的"南北",一是指朝鲜半岛的"南北"。前者如《人民日报》在1981年10月6日发表文章《南北会谈的来龙去脉》,很清楚地解释了"南北会谈":

> 南半球的第三世界国家和北半球的工业发达国家(主要是西方国家)就经济问题举行的谈判,通称为南北会谈。南北会谈酝酿于六十年代初。当时取得政治独立的第三世界国家为发展民族经济,曾不断要求改变在国际经济关系中所处的被掠夺和被奴役的地位。它们要求工业发达国家多提供援助和贷款,改善发展中国家的贸易条件,帮助稳定原料出口价格,彻底改革国际经济旧秩序。但是,这些要求并未被认真对待。尽管如此,第三世界国家仍然坚持不懈。它们通过"77国集团"、不结盟国家会议、石油输出国组织以及其他一些原料生产国组织积极展开活动,终于推动了联合国贸发会议的举行,揭开了南北会谈的序幕。

而我们这里讨论的是朝鲜半岛的"南北"。笔者翻阅了《人民日报》关于专指韩朝问题的"南北会谈"或者"北南会谈",发现分为以下三个阶段：

第一阶段：1961年5月16日—1985年6月25日谈到韩朝会谈为"南北会谈"。

《人民日报》第一次出现"南北会谈"是在1961年5月16日的文章《促进民族统一　欢迎南北会谈　汉城釜山大丘等地近万人示威　张勉集团叫嚷要惩办主张南北学生会谈的师生》中。虽然在文章正文中没有出现"南北会谈"，但在新闻的标题中第一次使用了"南北会谈"这一指称。

(30) 新华社平壤二十九日电　据朝鲜中央通讯社报道，朝鲜民主主义人民共和国外务省九月二十八日发表声明，……声明说："从南朝鲜撤退美帝侵略军，解散'联合国韩国统一复兴委员会'，这对南北朝鲜红十字团体的会谈不可能成为障碍，南北会谈也不可能成为使联合国'延期'讨论朝鲜问题的原因，这是非常明白的事。"(《人民日报》1971年10月1日)

(31) 新华社平壤一九七二年十二月二十二日电　南朝鲜朴正熙集团的军政头目最近四出活动，破坏朝鲜南北双方达成的关于互不诽谤中伤的协议，散布攻击朝鲜民主主义人民共和国的言论，制造紧张局势，为朝鲜南北会谈设置障碍。(《人民日报》1972年12月23日)

(32) 比斯塔在谈到朝鲜南北会谈时说："我们以极大的兴趣和同情注视着北方和南方的会谈，并且希望他们统一祖国的努力得到成功。"(《人民日报》1973年2月21日)

(33) 三千多万南朝鲜人民的心永远向着朝鲜人民的伟大领袖金日成主席……一九七四年，南北会谈时，北方代表到了南朝鲜，受到广大人民群众热烈欢迎，"万岁"、"万岁"的欢呼声响彻云霄。有许多人冒着生命危险来到北方代表的

第六章　其他特殊指称序列与生活的多元化

住处倾诉自己要求统一祖国的愿望。(《人民日报》1974年9月7日)

第二阶段:1985年6月25日—1992年9月20日,谈到韩朝会谈即为"北南会谈",其中没有出现"南北会谈"一词。

(34) 6月23日,朝鲜十八个社会团体发表声明,呼吁各国支持朝鲜实现自主和平统一,强调必须用对话和协商的方法和平解决朝鲜的统一。这无疑对于促进北南会谈,加强双方和平交往增添了有利的气氛。(《人民日报》1985年6月25日)

(35) 朝鲜北南会谈北方三个代表团发言人联合发表声明,要求美国和南朝鲜当局应该拿出诚意,尽快恢复已中断八个月的北南会谈,并提出能使对话正常进行下去的三点措施。(《人民日报》1986年8月12日)

(36) 北南会谈的过程,既是双方意见冲突的过程,更是双方寻求共识,互谅互让,增进信任的过程。所以延亨默说:"我认为有必要特别强调的是,通过这次会谈,双方进一步加深了信任。"(《人民日报》1992年9月20日)

第三阶段:2002年至今,提到韩朝问题又为"南北对话",没有"北南对话"一词。

(37) 朴槿惠当天结束对朝鲜为期4天的访问,并通过板门店军事分界线返回韩国。朴槿惠在板门店南方一侧的"自由之家"举行的记者招待会上说,金正日在13日会见她时表示,朝鲜将遵守有关南北会谈的承诺,并将为履行1972年7月签署的《南北联合声明》、实现和平统一而努力。(《人民日报》2002年5月15日)

(38) 卢武铉当天在青瓦台总统府举行题为《变化、稳定和希望》的新年记者招待会上表示，韩国所有国家发展战略和计划都是从朝鲜半岛的和平出发……尽管受到核问题的影响，但 2003 年南北会谈共举行 38 次，南北对话天数达 106 天。(《人民日报》2004 年 1 月 15 日)

前面的分析我们得知，新闻语言是有其客观性的，如何准确而恰当地表达新闻立场甚至是话语权力的问题，是新闻的首要目标。客观性是新闻言语行为的一项最基本的构成性原则，新闻言语行为中的指称形式尤其如此，如作为构造新闻语言客观性的重要基础的地名指称，是"南北会谈"就不能够说成"北南会谈"，但是我们发现这两个指称都曾经同时指代"韩朝对话"。我们得知，对于新闻报道中的指称形式的语用原则应该遵循"新闻客观""国家利益""语用有序"三大原则，以及"原叙转述分别""行为主体与行为匹配""间接引语直接引语分别"等次原则。

当这些原则互相冲突的时候，我们能看出"国家利益"原则要高出其他原则，起支配作用。有关"南北对话"的变化过程，我们能看出其和我国与韩国、朝鲜的关系是同等对应的。因此"北南会谈"只是特殊时期的特殊指称。现在所有的报道宣传口径均为"南北会谈"。中国不是当事人的时候，尽量表示客观性原则，遵守语言的一般性原则。"北南会谈"是有标记的，而采用无标记处理，才能尽量持平衡原则。

第四节　其他特殊指称序列变革的思考

其他特殊指称范围广泛，我们主要选取了宗教、民主党派和国际事务主体加以讨论，其意义就在于通过这些指称序列的变革，日益显示中国社会生活的多元化趋势。

第六章 其他特殊指称序列与生活的多元化

所谓多元化,包括生活方式的多元化、价值评判的多元化、言语行为的语境化,等等。

对此,我们有如下建议,一是宗教指称序列应该允分语境化,不必强调固定序列。二是在民主党派问题上,不妨根据语境需要,增加以党派成立先后或者成员数量或者当代贡献排序的可能。三是在国际事务中,努力形成与国际社会保持一致的语言习惯。

第七章

新闻语言指称序列的认知分析

第一节 空间及其在时间上的投射：新闻语言指称序列排序的基本原则

本书第一章曾经提到过在汉语研究中，对序列问题分析得较深入的是廖秋忠，他提出了10条常见的现代汉语并列成分排序原则，即：

1. 重要性原则
2. 时间先后的原则
3. 熟悉程度的原则
4. 显著性的原则
5. 积极态度的原则
6. 立足点的原则
7. 单一方向的原则
8. 同类的原则
9. 对应的原则
10. 其他原则[①]

[①] 廖秋忠：《现代汉语并列名词性成分的顺序》，《中国语文》1992年第3期。

对于排序,廖秋忠归纳的这些原则是很有道理的,但是通过前面几章的分析,我们可以发现最首要的是必须区分一般序列和重要序列。廖秋忠归纳出来的这10项规则,更是一种语法意义上的或者是一般序列的语用原则。对于重要序列来说,基本原则就是"重要性领先",这是事物的层级性所决定的,只是这种重要性由于语言是一种线性的过程,所以在语言表现上,就投射为时间先后性。

也就是说在一般序列当中,各个语言单位之间的先后次序完全可以由事件发生的时间先后来决定,亦即语言单位在时间上出现的先后,表现的就是事件先后的象似性。但是在重要性序列中,所有的时间上的序列表现,其实都是层级性的投射。由此,我们将重点分析新闻语言中指称序列的两类原则。

一、制约新闻语言指称序列的一般原则

1. 时间顺序原则

语言是人类在与世界的互动过程中形成的,是现实世界观念化的符号系统,它在不同程度上遵循临摹性的原则。时间和空间是人类从观念上把握情景的最重要的认知领域,所以几乎所有的语言都将关注的目光首先放在这两个领域上,正因为如此,本章才把时间顺序原则和空间层次原则置于所有并列结构序列原则的首位。

任何事物的发生、发展都有一个时间顺序。时间顺序的概念也是人类认知结构中最重要、最根本的观念之一。在外在物质世界和人类概念世界里,两个相互关联的事物最首要的关系,就是事物发生时间的前后接续的关系。戴浩一指出,词语之间的投射顺序决定干事物在时间领域内发生的先后。人类对时间顺序的经验与感知直接投射在语言描述的顺序中,即词语的顺序与时序保持一致。

自然现象有其时间顺序性，如"春夏秋冬"中的各项就遵循了季节的时间先后顺序。"夏商周""唐宋元明清"等都是按照朝代发展的时间顺序排列的。

如果不是时间指称，并列各项的多个成分也是按照事件发生先后顺序来排列的，如"比学赶帮超"，即"比先进，学先进，赶先进，帮后进，超先进"，这是按照事件发展的先后顺序排列的。时间顺序原则"把大量迄今被认为不相干的词序规则归在一条总原则之下，它统治着汉语里大多数可定义的句法范畴的词序表现。因此时间顺序原则可以看成是一条普遍的句法限制"①。

面对复杂的现象或动作，常常并列的几个成分同时出现，并无明显的先后时序，对此，我们就倾向于假想认为它们包含了几个相继展开的阶段，这就是"想象时间"。想象时间的序列原则只是真实时间序列原则的延伸。想象的分立动作或事件在想象时间中的排列不是随意的，想象时间的顺序一般以某种凸显性的级别为基础。由此看来，递进关系原则、熟悉程度原则、程度深浅原则、显著性原则、重要性原则都可以是想象时间顺序的直接衍生。

(1) **省长、市长、县长、乡长**，要对本地区的森林防火工作全面负责。(《人民日报》1993年6月24日)

(2) 他从当**战士、班长、排长、连长、营长、团长**，以至当了高级指挥员，都坚决做到，枪声就是命令，哪里最危险、最关键，他就带头往哪里冲。(《人民日报》1993年6月20日)

---

① 戴浩一：《时间顺序和汉语的语序》，叶蜚声译，《国外语言学》1988年第1期。

从"省长、市长、县长"到"乡长",可以想象为指令下达的过程,而从"战士、班长"直到"团长",又可以想象为晋升的过程。

2. 空间层次原则

人类对于空间的认识是早于时间的,因为越是具体的事物越容易感知。与时间相比,空间更为具体。对空间事物及其概念的感知上,人类自有一定的认知顺序,而这种顺序与人类自身的行为模式密切相关。戴浩一认为:"在涉及人体构造的别的感知领域,例如上下、前后,人类总是偏爱上和前,不偏爱下和后。因为人体是向上直立的,双目长在前额而不在脑后,走路是向前而不是朝后。"所以有"上下前后"而没有"下上后前";有"前后左右"而没有"后前右左"。

时间有"客观时间"与"想象时间",空间也有"客观空间"与"想象空间",词汇学上所谓"义场",认知语言学所谓"认知域",其实都是可以看作是"想象空间"。

例如:"楼堂馆所",是四种不同类型的建筑,它之所以构成序列,就是因为办公楼、纪念馆、礼堂、招待所都是政府最热衷建造的建筑。这就是一种依靠想象才能聚集一起的空间。

3. 语音制约原则

汉语音节的高低、长短构成了它特有的韵律,语言器官的运动正是韵律的生理基础,因此,这种韵律感便不可避免会对序列产生影响。

(3) 他让停下车来,沿着田埂地坝走进水稻田和黑豆地,仔细察看饱满的稻穗和即将成熟的豆荚。胡锦涛兴致勃勃地同正在田间劳作的几位村民聊起农事,<u>问亩产、问销售价格、问农技推广和粮食直补政策落实情况。</u>(《人民日报》2012年7月8日)

(4) "霾"又一次大摇大摆地来了。而且盘踞在中国东中部，流连不去，弄得大家心惶惶、视茫茫、呼吸不爽，情绪很糟。网上也开始出现各种"神吐槽"，诸如厚德载"雾"，自强不"吸"……（《人民日报》2013年1月31日）

这两个句子既遵循了音节少—多的原则，同时还把音节相同、结构一致的形容词或形容词性成分排在一起，形式上整齐，音节上也和谐。

4. 语境制约原则

语言既然是交际的工具，就必然会有一定的情境作为它发生的依托，这种语言发生的情境就是语境。语境有广义和狭义之分，广义语境指语言所处的社会背景，即社会语境。狭义语境即上下文语境。语境对并列结构内部的序列安排有重大影响，在很大程度上规定着词或短语的次序。语境的制约本质也可以看作是时间和空间的制约。如：

（5）俄日关系目前仍处于寻求突破的时期，其中<u>北方四岛（俄方称南千岛群岛）</u>的归属问题是阻碍两国关系突破的最大障碍。（《人民日报》2008年4月29日）

（6）<u>南千岛群岛（日本称北方四岛）</u>是俄罗斯的领土，俄不会放弃这些岛屿。他同时表示，考虑到历史因素，俄方将同日方在南千岛群岛联合实施一些经济项目。（《人民日报》2010年12月26日）

（7）正在挪威首都奥斯陆访问的俄外长拉夫罗夫2日在记者会上说，他当天同梅德韦杰夫总统进行了电话交谈，讨论了加快改善<u>南千岛群岛（日本称北方四岛）</u>社会经济状况的问题。（《人民日报》2010年11月3日）

这几句话并列结构中都有"北方四岛、南千岛群岛"两个并列项,但序列位置不同,是由于不同语境中重要性或关联性发生了变化。

(8) **天主教、道教、佛教、伊斯兰教、基督教**等各宗教场所标幅醒目,旗幡猎猎。他们追思在世界反法西斯和中国抗日战争中牺牲的将士和死难人民,同声祈祷世界和平。(《人民日报》1995年8月21日)

前面已经分析过,新闻对我国五大宗教的排序为佛教、道教、伊斯兰教、天主教、基督教,而这则新闻看起来宗教的序列比较混乱,但实际联系上下文语境,这是符合"时间先后原则"的。我国这五大宗教为纪念世界反法西斯和抗日战争胜利五十周年,分别进行祈祷活动。天主教于8月15日举行,道教于8月16日举行,佛教于8月18日上午举行,伊斯兰教于8月18日下午举行,最后基督教于8月20日举行活动。这完全体现了时间先后的对应性原则。

二、制约新闻语言指称序列的特殊原则

1. *一般序列与重要序列区分原则*

中国新闻语言中指称序列与日常语言的区分点就是一般指称序列与重要指称序列有别。一般指称序列更接近日常语言,而重要指称序列则更严格按照"重要性领先"为序,而所谓"重要性"又是"阶级性"的反映。

2. *新闻客观原则*

新闻应该是对事件的客观报道,指称序列应体现这一原则。如对于有争议地名的指称,必须坚持以新闻事实为依据。对于一个有争议地名的,采用某一方的指称形式就意味着承认那一方的立场为事实,例如采用"竹岛"还是"独岛"指称形式所呈现的"新闻事实"是相当不一样的。当同时采用序列指称形式的时候,如果没有其他条件的制约,则意味着其中领先的形式具有相对重要的客观性,"竹岛(韩国称'独岛')"和"独岛(日本称'竹岛')"的出现的"新闻事实"也是有差别的。

3. 行为合法原则

新闻是当代社会最重要的信息传播手段,因此,它既是建设法治社会最重要的传播渠道,也是形塑法治社会最有利的宣传手段。新闻语言指称序列是否合法,尤其是否体现宪法精神,将极大影响中国社会法制化的进程。"公检法"与"法检公"的序列不同即为一例。

4. 国家利益原则

新闻所涉不仅有内部事务,更有国际事务,因此必须注意维护国家利益。对于有争议地名的指称,在我们是当事国时,应有自觉捍卫国家主权的意识;在我们并非当事国时,也应该注意对于我们国家利益的可能影响。

5. 语用有序原则

新闻语言本质上也是一种言语行为,言语行为的结构也会制约序列的呈现。具体而言有:

原叙转述分别次原则——记者的语言(原述)和所报道的当事人话语的区别:凡是原叙性话语,都直接显示记者的立场;凡是转叙性话语,尽管直接显示的是被转述者的立场,但是却也隐含了报道者的倾向。

行为主体与行为匹配次原则——在转述行为中,我们所报道的当事人与其使用的指称形式应该是匹配的。

间接引语直接引语分别次原则——在转述涉及我们国家主权问题时,如果是间接引语也应该明确只使用我们的指称形式,如"钓鱼岛",不但不应该只使用对方的指称形式,而且也不能使用对方指称形式+"(即我'钓鱼岛')"。

第二节　范畴化和重新范畴化：新闻语言指称序列的认知心理

一、新闻指称的范畴化

人们的认知都是从对客观事物、现象的实际关系辨认开始的。由辨认而理解紧接着便是范畴化过程。"范畴化(categorization)指人类将经验组织成各种一般概念及相关语言符号的整体过程。"[1]

所谓范畴，就是指对一切实体和存在于这些实体间关系的最广义的分类，是人对客观事物本质的概括和反映。

可以说，新闻语言的每一个指称，都是范畴化的结果，如从"依法治国"到"法治国家"，那就是一个范畴化的结果。而范畴化不仅意味着一种概念的确立，更意味着一种意识形态的形成，也就是从个别的偶发的观念与行为变成一种普遍的认识。

二、新闻指称序列的重新范畴化

我们前面分析过，指称是范畴化的结果，当若干指称并列的时候，尤其是这一序列用在修饰性成分的时候，就形成了某种程度的非范畴化，或者就其中的某一个范畴来说、某一个指称形式来说已经形成了某种形式的非范畴化。

不过，若干限定性充分构成一个序列时，这个序列作为一个"图式"就呈现出"重新范畴化"的过程。

也就是一个序列中一定包含若干成分，其中那些成分的各自范畴化降低了，但重新组合表达了一个新的范畴。"中共中央总

---

[1] 戴维·克里斯特尔:《现代语言学词典》,沈家煊译,商务印书馆,2000年。

书记、中华人民共和国主席、中央军委主席"代表的正是"中华人民共和国最高领导人"这样一个新的范畴。

范畴不仅仅是由一个名词承担的,也可以由一个名词性结构承担。如,当我们说民革、民盟、民进、九三……单独的说是一个个民主党派的指称,连在一起是和中国执政党共产党相对的一个范畴,代表的是政治协商的范畴。指称形成序列的过程,可以说是重新范畴化的过程。

第三节 形塑与被形塑:新闻语言指称序列意识形态功能

依据"新言语行为分析",新闻语言不但是一种言语行为,而且还有一个"形塑"和"被形塑"的过程。

"新言语行为"分析指出:所谓"言语行为",就是某言语行为主体在一定的人际构架和语境条件中,根据自己的意图和愿意投入的成本,组织并发出一段话语,另外的言语行为主体接受到这一话语并作出有关联的反应这样一种社会互动的游戏。

这样,既然言语行为是一种"社会互动的游戏",则就不仅仅是自我本身的活动,甚至也不仅仅是"我说你听"的过程,而是一种在"我""你""他"三方的人际关系的构架中实现的事件。

首先,新闻是"我"说的,但实际上是说给"你"听的。

对于任何新闻言语行为指称序列,不但是对新闻事件的传达,也是在形塑着社会的意识形态。如从物质文明、精神文明"两个文明",到物质文明、政治文明、精神文明"三个文明";从经济建设、政治建设、文化建设"三位一体",到经济建设、政治建设、文化建设、社会建设"四位一体",再到经济建设、政治建设、文化建设、社会建设、生态文明建设"五位一体"。

大众传播在社会价值的塑造和规范公众行为中占有重要地

位。美国著名传播学学者李普曼在《公众舆论》①一书提出了著名的"拟态环境"理论:"拟态环境"是由大众传播活动形成的信息环境,它并不完全是客观环境的镜子式再现,而是大众传播媒介通过对新闻和信息的选择、加工和报道,重新加以结构化以后向人们所提示的环境,绝大多数人只能通过"新闻供给机构"所构建的"拟态环境"去了解身外世界。他还说,要让新闻报道像一只不断移动的手电筒,"使我们能够看到一片黑暗中的部分情景"。也就是说,媒体在传播信息时,会通过有所选择的语言,叙述再现事件的某个环节,受众的知晓度在很大程度上依赖于媒体的叙述和语言选择。

其次,新闻既然是要"你"听,则必须考虑"你"是否听。

新闻是在形塑社会大众的意识形态,但社会大众并非简单的"被形塑者"。

批评语言学正是一种从"反面"揭示传播的价值导向和塑造作用。批评语言学研究语言、权力和意识形态关系,研究权力阶层如何用话语来影响人的思想意识并维护自身利益和现存社会结构,从而提示人们对传播的形塑保持警惕。也就是说,我们不但要发现新闻中的指称序列如何形塑听众的意识形态,更要解析这种形塑对于听众是否具有"合法性",是否合乎社会的根本利益。由此来看,"批评"语言学也正是"建设性"的。

第三,新闻不但是"我"(说话者)、"你"(听话者)互动的过程,还是同时与"他"(监督者)互动的结果。

一种指称序列是否合适、"合法",不但要看听话者的"反应",还要注意第三方的认知。当我们说"公检法"的时候,我们国内的目标读者也许早已习以为常,但是在国际语境中,显然就暴露出问题了。

---

① 李普曼:《公众舆论》,上海人民出版社,2011年。

结语

本书的主要贡献与有待解决的问题

本书是笔者博士论文的进一步发展。表现在博士论文只是一般性的新闻指称研究,本书则是依据全球思想界新的"知识与行动"理论,自觉开展的"政治修辞视域下的新闻指称研究",试图进一步解释中国新闻语言是如何"生产"某些范畴并影响着社会生活以及中国国家形象的建构。当然,本书所使用的语料以《人民日报》1949—2013年期间的新闻文本为主,相对于今天有些陈旧,但本书主要试图提供一种语言学和新闻语言学研究的全新视角和研究方法。

本书既是一项新闻语言学的工作,也是一项语用学和批评语言学的工作。

"任何学术都是目标、问题、方法的统一。"中国语言学对新闻语言的研究往往只是将其作为一种语法修辞的语料或是语体研究的文本加以分析,但新闻语言也是一种公共信息的传播过程,更是一种社会意识形态的传播过程。新闻语言的现代性既是社会生活现代性的一种标志,更是对于社会语言生活现代性的一种形塑,新闻语言已经明显承担起为社会意识形态现代化的发展导夫先路的任务。

因此,本书的基本目标是:第一,通过对于中国新闻语言中指称序列的分析,了解新闻语言在指称序列问题上的性质、类型特征及其形成动因,丰富语言学对于指称序列的认识;第二,通过对新闻语言中指称的序列问题的具体考察,有效地认识中国新闻语言发展中存在的问题和困难,认识中国新闻语言现代性艰难而有效的进步,认识如何推进中国新闻语言乃至整个社会语言生活化、民主化、国际化的进一步发展。

本书的核心问题是:中国新闻语言是如何揭示着同时也形塑着中国社会的现代化进程的?本书认为:中国具有几千年宗法制传统,当代中国正在大步迅速迈向现代化,中国的新闻也正在发生强烈的现代变革。汉语是一种特殊语言,汉语最重要的语法手段是语序,"序列"正是语序问题的一种表现形式,因此,我们选择中国新闻语言的指称序列问题进行研究。这指称序列问题既是一个中国当代生活中一个非常"自己"的重要问题,也是汉语研究中一个更加"自己"的问题。

本书的主要方法是,以批评语言学、"新言语行为分析"、观念史学等为主要理论工具,以创刊至今的《人民日报》为主要语料来源。

由此,我们从对于"新闻语言""指称序列"的重新定义出发,讨论了新闻语言学的基本性质和基本类别,指出新闻语言中的指称序列可明显区分为两种类型:一般序列和重要序列,它们的语用规律非常不一致。前辈学者研究发现的制约汉语序列的规则,通常只适用于新闻语言中一般序列,而重要序列则需要另加分析。现代社会是信息爆炸的社会,不是所有的信息都值得成为"新闻"传播,只有"目标受众最需要的"才最有资格成为"新闻",由此,我们必须首先分析直接影响社会生活的重要地名和重要机构类指称序列等的特征。

本书从批评语言学、"新言语行为分析"、观念史学等角度,对新闻语言中指称序列进行了详尽的描写和分析,构建了一个相对完整的新闻语言的指称序列体系,并结合具体的语料为例,进行了共时和历时的考察。全书做了以下几个方面的工作。

1. 通过对于中国新闻语言中指称序列的分析,了解新闻语言在指称序列问题上的性质、类型特征及其形成动因,丰富了语言学对于指称序列的认识。

2. 理清新闻语言中指称序列的基本属性、类型与制约条件。我们将语言中的序列看作是一个意象图式,其内部特征包括序列的成员、次序、维度、尺度等,在不同的语用条件下会呈现不同的特征。

3. 具体分析并理解中国新闻语言中重要地名类指称序列、重要机构类指称序列等的使用特征及其背后的"意识形态"。

以上这些工作,都对在新闻传播中有意识地、准确地运用指称序列来影响社会价值的塑造,以及指称序列构建者通过改变指称和指称序列,引领社会价值的更新重塑,提供了语言学上的依据。

本书的主要贡献在于:

第一,第一次运用批评语言学的方法对中国语言学中最重要的领域新闻语言中的最具有汉语特点的指称序列问题进行了比较系统的分析。

第二,第一次明确指出指称序列应分为一般序列和重要序列。制约一般序列的条件与制约重要序列的条件相关而不相等。

第三,明确提出新闻语言重要的指称序列,不但是中国语言生活现代性发展的一种标记,也是对现代中国意识形态的一种形塑。

第四,第一次在汉语研究中把批评语言学与语用学结合起来,不但揭示了新闻语言指称背后的权利关系和语言意识形态,提出了一系列建设意见,对批评语言学的理论本身也作出了调整,显示批评语言学不但应该揭示语言背后的权利关系和意识形态,更应该为推进语言背后的意识形态的现代性发展而提出建设性的意见。批评不应该仅仅停留在解析的层面,同时还应该包括建设的工作。

当然,由于本人才力有限,本书还存在不少问题,比如,由于这是一个全新的领域和一项非常重要的工作,目前搜集的语料还是不够充分的,需要更多地搜集语料加以研究;对制约其中的语用因素的分析,也还需要更加逻辑化的工作;另外对一般意义上的指称序列的关注还不够,这些都需要继续努力的。

参考文献

[1] Allan, K., Hierarchies and the choice of left conjuncts(with particular attention to English), *Journal of Linguistics*, 1987.

[2] Collins, A. M. & Loftus, E. F., A spreading activation theory of semantic processing, *Psychological Review*, 1975.

[3] Cooper, W. E. & Ross, J. R., *Word Order. Papers from the Parasession on Functionalism*, Chicago: Chicago Linguistic Society, 1975.

[4] Croft, William & Cruse, D. Alan, *Cognitive Linguistics*, Cambridge: Cambridge University Press, 2004.

[5] Cruse, D. Alan, *Lexical Semantics*, Cambridge: Cambridge University Press, 1986.

[6] Edward Sapir, Grading: A Study in Semantics, *Philosophy of Science*, 1944(11), pp.93-116.

[7] Fillmore, C. J., Frame Semantics, in *The Linguistic Society of Korea: Linguistics in the Morning Calm*, Seoul: Hanshin, 1982.

[8] Fauconnier, G., Pragmatic Scales and Logical Structure, *Linguistic Inquiry*, 1975.

[9] Hachten, William A., *The world news prism: Changing media, clashing ideologies*, Iowa State University Press, 1999.

[10] Haiman, John., Iconic and economic motivation, *Language*, 1983.

[11] Haiman, John., *Natural Syntax*, Cambridge: Cambridge University Press, 1985.

[12] Haiman, John., Symmetry, in Haiman, J. ed. *Iconicity in Syntax*, Amsterdam: John Benjamins, 1985.

[13] Halliday, M., *An Introduction to Functional Grammar*, London: Adward Arnold, 1985.

[14] Hartly, John., *Understanding News*, Columbus, OH: Ohio State University Press, 1976.

[15] Justeson, J. & S. Katz., Cooccurrence of antonymous adjectives and their contexts, *Computational Linguistics*, 1991.

[16] Leech, Geoffrey, *Principles of Pragmatics*, London: Longman, 1983.

[17] Leech, Geoffrey, *Semantics*, New York: Penguin, 1974.

[18] Lehrer, A., *Semantic Fields and Lexical Structure*, Amsterdam and London: North Holland, 1974.

[19] Lyons, John., *Semantics* (Vol.1), Cambridge: Cambridge University Press, 1977.

[20] Murphy, M. Lynne, *Semantic Relations and the Lexicon*, Cambridge: Cambridge University Press, 2003.

[21] Murphy, M. Lynne, Antonyms as lexical constructions: Or, why paradigmatic construction is not an oxymoron, *Constructions*, SVI(8), pp.1-37.

[22] Murphy, M. Lynne, Linguistic and conceptual information in Meaning-Text Theory: The case against some paradigmatic relations, Proceedings of MTT-2003.

[23] Nida, E.A., *Componential Analysis of Meaning*: An

Introduction to Semantic Structure, The Hague: Mouton Publisher, 1975.

[24] Palmer, P. R., *Semantics*, Cambridge: Cambridge University Press, 1976.

[25] Talmy, L., *Toward a Cognitive Semantics*, Cambridge, MA: The MIT Press, 2000.

[26] Ullmann, S., *Semantics: An Introduction to the Science of Meaning*, Oxford: Basil Blackell, 1962.

[27] 安玉霞:《汉语语序问题研究综述》,《汉语学习》2006 年第 6 期。

[28] 祭芸:《流水句现象分析》,《广东外语外贸大学学报》2002 年第 2 期。

[29] 肯尼斯·博克:《当代西方修辞学:演讲与话语批评》,中国社会科学出版社,1998 年。

[30] 大卫·宁等:《当代西方修辞学:批评模式与方法》,中国社会科学出版社,1998 年。

[31] 陈昌来:《现代汉语语义平面问题研究》,学林出版社,2003 年。

[32] 陈光:《现代汉语量级语义范畴研究》,南开大学,2003 年。

[33] 陈佳璇:《我国新闻语言中字母词的易读性研究》,华东师范大学硕士论文,2002 年。

[34] 陈杰:《内向指称:以康德批判哲学为进路的意义理论研究》,上海大学出版社,2009 年。

[35] 陈平:《论现代汉语时间系统的三元结构》,《中国语文》1988 年第 6 期。

[36] 陈堂发:《新闻媒体与微观政治》,复旦大学出版社,2008 年。

[37] 戴浩一:《以认知为基础的汉语功能语法刍议》,叶蜚声译,《国外语言学》1990 年第 4 期。

[38] 戴浩一:《概念结构与非自主性语法:汉语语法概念系统初探》,叶蜚声译,《当代语言学》2002 年第 1 期。

[39] 丹尼尔·史蒂文森:《认识媒介变化——社会理论与大众传播》,王文斌译,商务印书馆,2001 年。

[40] 丹尼斯·麦奎尔:《大众传播理论》,崔宝国,李琨译,清华大学出版社,2006 年。

[41] 戴维·克里斯特尔:《现代语言学词典》,沈家煊译,商务印书馆,2000 年。

[42] 戴耀晶:《现代汉语的事件系统研究》,浙江教育出版社,1997 年。

[43] 段业辉:《新闻语言比较研究》,商务印书馆,2007 年。

[44] 段业辉,张怡春:《论现代汉语并列结构内部构造的紧凑性》,《暨南学报》2006 年第 6 期。

[45] 丁法章:《新闻批评学》,复旦大学出版社,1997 年。

[46] 马文丽:《中国当代英文报话语分析》,中央编译出版社,2011 年。

[47] 曲卫国:《话语文体学导论:文本分析方法》,复旦大学出版社,2009 年。

[48] 范晓:《汉语动词概述》,上海教育出版社,1987 年。

[49] 范晓:《三个平面的语法观》,北京语言文化大学出版社,1996 年。

[50] 范开泰,齐沪扬:《语言问题再认识——庆祝张斌先生从教五十周年暨八十华诞》,上海教育出版社,2001 年。

[51] 范开泰:《语义分析说略》,北京大学出版社,1988 年。

[52] 冯·戴伊克:《话语心理社会》,施旭等译,中华书局,1993 年。

[53]弗吉尼亚·奈廷格尔:《批判性读本:媒介与受众》,北京大学出版社,2007年。

[54]付伊:《60年来〈人民日报〉时政新闻版中的口号套语的嬗变——中国新闻语言现代性进程的一个视角》,华东师范大学博士论文,2012年。

[55]格拉斯哥大学媒介研究小组:《获取信息:新闻、真相和权力》,新华出版社,2004年。

[56]高增霞:《连动式研究述评》,《聊城大学学报》2003年第6期。

[57]古川裕:《"的"字结构及其所能修饰的名词》,《语言教学与研究》1989年第1期。

[58]郭锐:《过程和非过程——汉语谓词性成分的两种外在时间类型》,《中国语文》1997年第3期。

[59]郭燕妮:《并列短语研究综述》,《株洲师范高等专科学校学报》2005年第6期。

[60]黄旦:《传者图像:新闻专业主义的建构与消解》,复旦大学出版社,2005年。

[61]胡范铸:《中国户外标语口号研究的问题、目标与方法》,《修辞学习》2004年第6期。

[62]胡范铸:《实话如何实说:突发公共安全危机管理中的政府信息发布》,《华东师范大学学报》2003年第11期。

[63]胡范铸:《从"修辞技巧"到"言语行为"》,《修辞学习》2003年第1期。

[64]胡范铸:《言语行为的合意性、合意原则与合意化》,《外语学刊》2009年第4期。

[65]胡范铸:《什么是"修辞的原则"》,《修辞学习》2003年第2期。

[66]胡范铸:《新闻语言客观性问题的言语行为分析》,《华东

师范大学学报》2009年第3期。

[67] 胡范铸:《试论新闻言语行为的构成性规则》,《修辞学习》2006年第1期。

[68] 胡范铸:《新闻语言客观性问题的言语行为分析》,《华东师范大学学报》2007年第2期。

[69] 胡范铸,樊晓玲:《语境概念的演绎性分析》,《语体与语言教学》2009年第4期。

[70] 胡德明:《"连"字成分的焦点及相关问题》,《海南大学学报》2002年第4期。

[71] 胡明扬,劲松:《流水句初探》,《语言教学与研究》1989年第4期。

[72] 胡明扬:《词类问题考察》,北京语言文化大学出版社,1996年。

[73] 胡明扬:《句法语义范畴的若干理论问题》,《语言研究》1991年第2期。

[74] 胡明扬:《语法形式和语法意义》,《中国语文》1958年第3期。

[75] 胡明扬:《语义语法范畴》,《汉语学习》1994年第1期。

[76] 胡明扬:《再论语法形式和语法意义》,《中国语文》1992年第5期。

[77] 胡裕树:《现代汉语》,上海教育出版社,1981年。

[78] 黄伯荣,廖序东:《现代汉语》,高等教育出版社,1991年。

[79] 黄敏:《新闻话语与政治的中介化》,《新闻与传播研究》2010年第5期。

[80] 黄敏:《新闻话语的互文性研究——以凤凰网中朝边境驻军换防的系列报道为例》,《中文自学指导》2006年第2期。

[81] 黄敏:《新闻话语研究初探》,江西人民出版社,2011年。

[82] 拉斯韦尔:《社会传播的结构与功能》,中国传媒大学出

版社,2013年。

[83] 李普曼:《公众舆论》,上海人民出版社,2011年。

[84] 李劲荣:《状态形容词的量级等级》,《广播电视大学学报》2006年第1期。

[85] 李向农:《现代汉语时点时段研究》,华中师范大学出版社,1998年。

[86] 李小荣:《从配价角度考察介词结构"对于……"作定语的情况》,语文出版社,2000年。

[87] 李英哲:《汉语语序和数量在空间同事物中的分配》,北京语言大学出版社,2005年。

[88] 李宇明:《汉语量范畴研究》,华中师范大学出版社,2000年。

[89] 李宇明:《论形容词的级次》,商务印书馆,1997年。

[90] 李宇明:《形容词否定式及其级次问题》,《云梦学刊》1997年第1期。

[91] 李宗江:《并列成分的层次标记》,《汉语学习》2002年第5期。

[92] 廖秋忠:《现代汉语并列名词成分的顺序》,《中国语文》1992年第3期。

[93] 林兴仁:《实用广播语体学》,中国广播电视出版社,1989年。

[94] 刘丹青,徐烈炯:《焦点与背景、话题及汉语"连"字句》,《中国语文》1998年第4期。

[95] 刘叔新:《汉语描写词汇学》,商务印书馆,1990年。

[96] 鲁川,缎瑞隆,刘钦荣:《汉语句子语块序列的认知研究和交际研究》,《汉语学习》2002年第2期。

[97] 陆丙甫:《语法研究的新视角及其方法论意义》,《语文导报》1987年第7期。

[98]陆俭明,马真:《现代汉语虚词散论》,语文出版社,1999年。

[99]陆俭明:《由指人的名词自相组合造成的偏正结构》,《中国语言学报》1985年第2期。

[100]陆汝占,靳光瑾:《汉语配价理论与语义计算》,北京大学出版社,1998年。

[101]陆尊:《语义场浅谈》,《中国社会科学院研究生院学报》1981年第5期。

[102]吕叔湘:《汉语学习》,中国青年出版社,1953年。

[103]吕叔湘:《现代汉语八百词》,商务印书馆,1996年。

[104]马建忠:《马氏文通》,商务印书馆,1983年。

[105]马清华:《并列结构的自组织研究》,复旦大学出版社,2005年。

[106]马清华:《语义的多维分析》,语文出版社,2005年。

[107]马庆株:《汉语语义语法范畴问题》,北京语言文化大学出版社,1998年。

[108]马庆株:《结构、语义、表达研究琐议》,《中国语文》1998年第3期。

[109]马庆株:《顺序义对体词语法功能的影响》,《中国语言学报》1991年第4期。

[110]马庆株:《指称义动词和陈述义名词》,商务印书馆,1998年。

[111]梅尔文里克特:《政治和社会概念史研究》,张智译,华东师范大学出版社,2010年。

[112]内尔森:《命名和指称:语词与对象的关联》,上海科技教育出版社,2007年。

[113]彭芳:《语言线性序列的理据——语义/语用层面》,《外语教学》2003年第6期。

［114］齐沪扬：《现代汉语短语》，华东师范大学出版社，2000年。

［115］齐沪扬：《与名词动词有关的短语研究》，北京语言大学出版社，2004年。

［116］钱冠连：《语言的离散性》，《外语研究》2001年第1期。

［117］邱艳春，陈明新：《并列结构的并列体、中心语和结构形成》，《株洲师范高等专科学校学报》2005年第6期。

［118］沙图诺夫斯基：《句子语义与非指称词：意义·交际域·语用》，北京大学出版社，2011年。

［119］沈家煊：《"有界"和"副无界"》，《中国语文》1995年第5期。

［120］沈家煊：《不对称和标记论》，江西教育出版社，1999年。

［121］沈家煊：《词义与认知》，《外语教学与研究》1997年第3期。

［122］沈家煊：《句法的象似性问题》，《外语教学与研究》1993年第1期。

［123］沈家煊：《形容词句法功能的标记模式》，《中国语文》1997年第4期。

［124］施拉姆：《传播学概论》，中国人民大学出版社，2010年。

［125］石毓智，李讷：《汉语语法化的历程——形态句法发展的动因和机制》，北京大学出版社，2001年。

［126］石毓智：《语法的概念基础》，上海外语教育出版社，2006年。

［127］石毓智：《语法的认知语义基础》，江西教育出版社，2000年。

［128］时新：《序：量的存在方式》，山西人民出版社，1998年。

［129］束定芳：《语言的认知研究——认知语言学论文精选》，上海外语教育出版社，2004年。

[130] 托伊恩·A.梵·迪:《作为话语的新闻》,曾庆香译,华夏出版社,2004年。

[131] 孙德:《现代汉语动词做状语考察》,商务印书馆,2000年。

[132] 汪榕培:《西方学者对词汇学研究现状的综述——Michael J. McCarthy 论词汇学》,《外语与外语教学》2000年第4期。

[133] 王珏:《现代汉语名词研究》,华东师范大学出版社,2001年。

[134] 王力:《中国现代语法》,商务印书馆,1985年。

[135] 王伟:《并列结构中名词性成分的语义量级类型》,《周口师范学院学报》2004年第3期。

[136] 王寅:《象似性原则的语用分析》,《现代外语》2003年第1期。

[137] 王东海,王丽英:《词汇语义系统的研究方法》,《西师范学院学报》2007年第1期。

[138] 王勤,武占坤:《现代汉语词汇》,湖南人民出版社,1959年。

[139] 王寅:《认知语法概论》,外语教育出版社,2006年。

[140] 吴为章:《单向动词及其句型》,《中国语文》1982年第5期。

[141] 吴延枚:《关于复杂谓语的几个问题》,《语言教学与研究》1988年第2期。

[142] 吴云芳:《并列成分中心语语义成分相似性考察》,《当代语言学》2005年第4期。

[143] 吴云芳:《面向中文信息处理的现代汉语并列结构研究》,《语言文字应用》2004年第2期。

[144] 项成东:《等级含义的语用研究综述》,《当代语言学》2006年第4期。

[145] 辛斌:《新闻语篇转述引语的批评性分析》,《外语教学

与研究》1998 年第 2 期。

[146] 辛斌:《批评语言学:理论与应用》,上海外语教育出版社,2005 年。

[147] 徐思益:《关于汉语流水句的语义表达问题》,《语言与翻译》2002 年第 1 期。

[148] 薛宏武,李慧兴:《与句子组合后的名词性结构的地位确定》,《新疆大学学报》2002 年第 4 期。

[149] 亚里士多德:《范畴篇·解释篇》,方书春译,商务印书馆,1986 年。

[150] 余家宏等:《新闻学词典》,浙江人民出版社,1988 年。

[151] 杨家胜:《级次与标准理论的语言学研究》,黑龙江大学出版社,2007 年。

[152] 杨敏:《法律语篇权力意志剖析》,《外语与外语教学》2005 年第 3 期。

[153] 杨明义:《汉语连谓结构中的羡余现象》,《汉语学习》1998 年第 4 期。

[154] 叶闯:《语言·意义·指称:自主的意义与实在》,北京大学出版社,2010 年。

[155] 易仲良:《论级价数量含义的语用功能》,《外国语》1994 年第 3 期。

[156] 俞士汶:《现代汉语语法信息词典详解(第二版)》,清华大学出版社,2003 年。

[157] 袁毓林:《语言的认知研究和计算分析》,《语言文字应用》1996 年第 1 期。

[158] 袁毓林:《自然语言理解的语言学假设》,《中国社会科学》1993 年第 1 期。

[159] 詹卫东:《面向中文信息处理的现代汉语短语结构规则研究》,清华大学出版社,2000 年。

[160] 张斌:《新编现代汉语》,复旦大学出版社,2002年。

[161] 张敏:《认知语言学与汉语名词短语》,中国社会科学出版社,1998年。

[162] 张寿康:《说结构》,《中国语文》1978年第4期。

[163] 张彦群,辛长顺:《并列结构组成成分排序原则及原因初探》,《天中学刊》2002年第4期。

[164] 张怡春:《并列结构中并列项的句法结构和序列》,《盐城师范学院学报》2003年第2期。

[165] 张志毅,张庆云:《词汇语义学》,商务印书馆,2005年。

[166] 赵秀凤:《语篇视角语言表征的认知研究:指称在意识流语篇中的视角标记作用》,科学出版社,2009年。

[167] 周福娟,汤定军:《指称转喻——词汇语义的认知途径》,厦门大学出版社,2012年。

[168] 周静:《并列与递进的转换制约》,《殷都学刊》2003年第2期。

[169] 周国光:《语义场的结构和类型》,《华南师范大学学报》2005年第1期。

[170] 朱德熙:《汉语句法中的歧义现象》,《中国语文》1980年第2期。

[171] 朱德熙:《语法讲义》,商务印书馆,1982年。

[172] 朱晓亚:《并列短语的句法作用》,《世界汉语教学》2001年第1期。

[173] 邹玉华:《语义场研究述评》,《湘潭大学社会科学学报》1987年第1期。

[174] 邹哲承:《并列结构的不同标记形式与表达作用》,《陕西教育学院学报》2000年第1期。

后　记

此时此刻,唯余感激。

首先要感谢的,是我的导师胡范铸教授。三年门下受业,三载师生交往,他没有嫌弃我的愚钝,也尽可能原谅我的不专注,总是给予我最热情的关怀和最无私的帮助。且不论细致批改我的论文,也不谈耐心指导我做新闻相关语料搜集和调查,就是眼前这篇博士论文,为每个章节下的每个小标题修订,即已饱含他的心血和思虑。从师有如胡范铸,天下学子之幸事也。

其次,我要感谢《瞭望》周刊原总编辑姬斌先生。他不辞辛劳地为我审阅论文,从政治导向到新闻术语提出了大量建设性意见,体现了无私的帮助和关怀。姬斌先生对我的恩惠难以言表。领导有如姬斌,幸莫大焉。

第三要感谢的,是众多学者、师长对我的关心和爱护。这里有:中国传媒大学的张颂教授、吴弘毅教授和傅大岭老师。尤其是张颂先生,在病重期间仍然惦记着我的文章,为我论文的语料搜集而劳神。借此一角也向他们表示深深的谢意。对同门学长与师弟师妹也要道一声"感谢",我把他们当作学业上的榜样和生活中的朋友;数不清的帮助,岂一个"谢"字了得。

感谢我的家人!我的父母及爱人一贯支持我做我想做的事

情。在我身心疲惫之时，是他们在我的身边，给了我足够的精神安慰和物质支撑。当然，也是他们，慷慨地留给我大部分家务劳动的机会，让我能够在脑力劳动之余，做家务缓解疲劳，使我有幸未被什么"衰弱"、什么"突出"之类慢性病纠缠上身，至少到今天。

  最后，感谢生活！感谢它让我懂得感谢，使我能够始终以感激的心情看待身边的一切。前面的路还长，我将满怀感谢，昂首挺胸地走下去，直至不能"感谢"的那一天。

2022 年 1 月 1 日

图书在版编目(CIP)数据

国家话语生态视域下新闻语言指称序列研究 / 韩晓晔著.— 上海：上海社会科学院出版社，2022
（国家话语生态研究丛书）
ISBN 978-7-5520-3916-0

Ⅰ.①国… Ⅱ.①韩… Ⅲ.①新闻语言—研究—中国 Ⅳ.①G210

中国版本图书馆 CIP 数据核字(2022)第 129711 号

国家话语生态视域下新闻语言指称序列研究

著　　者：韩晓晔
出 品 人：佘　凌
责任编辑：陈如江
封面设计：周清华
出版发行：上海社会科学院出版社
　　　　　上海顺昌路 622 号　邮编 200025
　　　　　电话总机 021-63315947　销售热线 021-53063735
　　　　　http://www.sassp.cn　E-mail：sassp@sassp.cn
照　　排：南京理工出版信息技术有限公司
印　　刷：上海天地海设计印刷有限公司
开　　本：890 毫米×1240 毫米　1/32
印　　张：7.5
插　　页：1
字　　数：185 千
版　　次：2022 年 9 月第 1 版　2022 年 9 月第 1 次印刷

ISBN 978-7-5520-3916-0/G·1191　　　　　　　　定价：58.00 元

版权所有　翻印必究